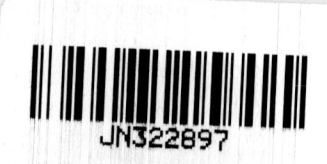

勲五等瑞寶章

左から
藤川藤次郎氏
青山敏彦氏

赤坂プリンスホテル於
平成 14 年 2月 11 日
160 名が出席
盛大に叙勲記念祝賀会
が開かれた

左から
多胡肇氏
長野信一氏
西角清忠氏

6時30分体操

ラジオ体操・第1・第2

Hiroaki Nishiyama
西山博昭 著

Zenponsha
善 本 社

はじめに

健康の源は、ラジオ体操にあると申しても過言ではありません。

私が昭和 45 年以来、このラジオ体操を実施して以来、風邪を引いたこともありませんし、皆さんの人生も健やかに成長しておられます。

体操の素晴らしいリーダーで居られる青山敏彦先生が平成 13 年　名著「体操再発見」（善本社発行）をお書きになりました。

ご本のねらいは、主として、平成 11 年の国際高齢者年に制定された「みんなの体操」の一層の普及推進を図るものでした。

以来、十数年が経過し、「体操再発見」の読者から、「ラジオ体操の本はないのでしょうか」との問い合わせが、出版社に多く寄せられるようになりました。

こうしたことから、私に「ラジオ体操」の本をまとめていただけないか、との相談があり、それでは永年携わってきた経験を生かして、ラジオ体操の普及にお役に立てれば、これ以上の幸せはないとお引き受けした次第でございます。

青山先生、多胡先生には、本当にラジオ体操をしっかりご指導頂き、東京都ラジオ体操連盟の「指導者講習会」にも毎月、世田谷区ラジオ体操連盟からも大勢の会員が熱心に参加しております。

最後になりましたが、世田谷区ラジオ体操連盟がありますのは、ＮＰＯ法人全国ラジオ体操連盟　藤川理事長のお導きによるものと心から感謝を申しあげます。

ラジオ体操を続けることにより、図り知れない効果があります。

あらゆる世代の皆様が、健康で明るく年を重ねることにより、平和で明るい社会を築いて参ろうではありませんか。

この書の出版に際し、善本社の手塚容子女史には限りないご支援を賜り感謝申し上げます。

著者

目　　次

第3章　短　　歌

第4章　感謝のことば

第5章　「体操会だより」の記録

カット　生方　工
表紙デザイン　善本社

1章

ラジオ体操

ラジオ体操

1．ラジオ体操の沿革と現状

平成17年に公認指導者資格認定制度が創設された。

テストの結果、一級ラジオ体操指導士、二級ラジオ体操指導士、ラジオ体操指導員の三段階に分かれて、認定証が支給された。私も平成17年12月15日に一級ラジオ体操士の認定証を受領した。

ラジオ体操の普及奨励活動は、現在では、（株）かんぽ生命保険、ＮＨＫ及びＮＰＯ法人　全国ラジオ体操連盟の三者が共同で行っている。

現在、ラジオ体操実践者は、夏休みの最もラジオ体操が実施される時期で、約2,800万人と推定されるが、１年を通じて行っている人の数は、まだまだ少ないと云わざるを得ない。

本格的な少子・高齢化を迎えた21世紀。平成25年（2013年）には、４人に１人が65歳以上になると予測されています。現在、高齢者の８割から９割は、通常介護を必要とせずに暮らしている比較的元気な高齢者であり、今後益々高齢化が進展する21世紀においては、従来のお年寄りというイメージとはまったく異なる多様な価値観や意識をもち、自立意識の高い高齢者が増えるものと予想される。

2. ラジオ体操の解説

先ずラジオ体操の歌をしっかり覚える。

「ラジオ体操の歌」
新しい朝が来た　希望の朝だ
喜びに胸を開け　大空　仰げ
ラジオの声に　健やかな胸を
この薫る風に開けよ　ソレ一　二　三

ラジオ体操の解説書を注文なさる方が多いということなので、ラジオ体操の基準に沿って解説してゆく。

3　ラジオ体操第1

⑴　伸びの運動

⓪はじめの姿勢

④

⑧

　足を閉じたまま、自然な姿勢で顔を起して立つ。

　2回目の⑧で、腕を体前に交叉して踵を上げる。

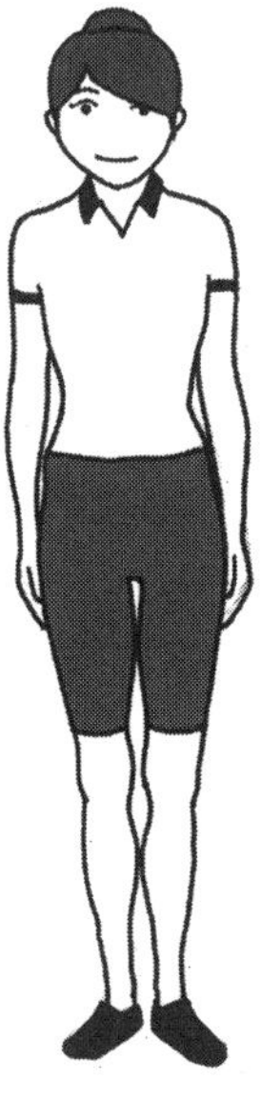

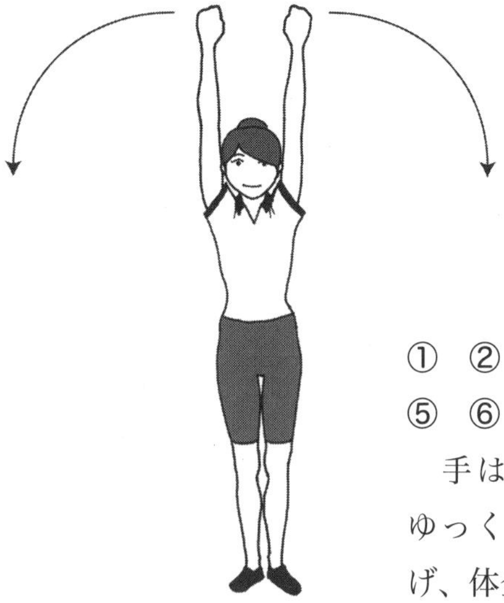

①　②

⑤　⑥

　手は軽く握り、両腕をゆっくりと前から上にあげ、体全体を良く伸ばす。

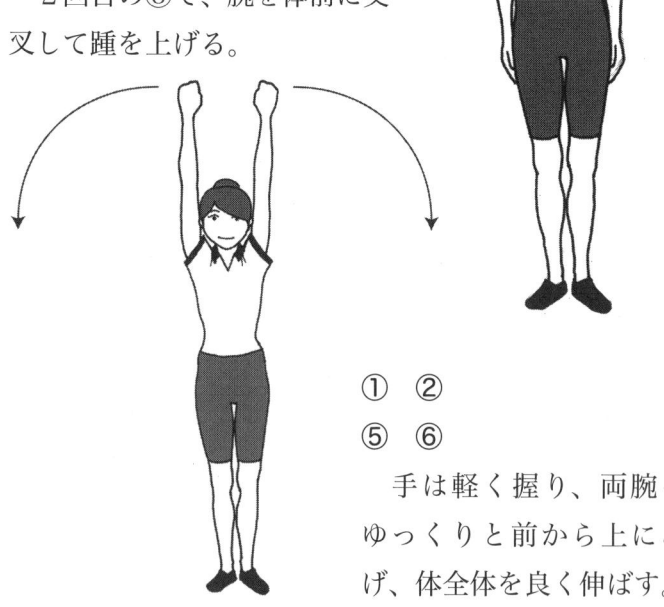

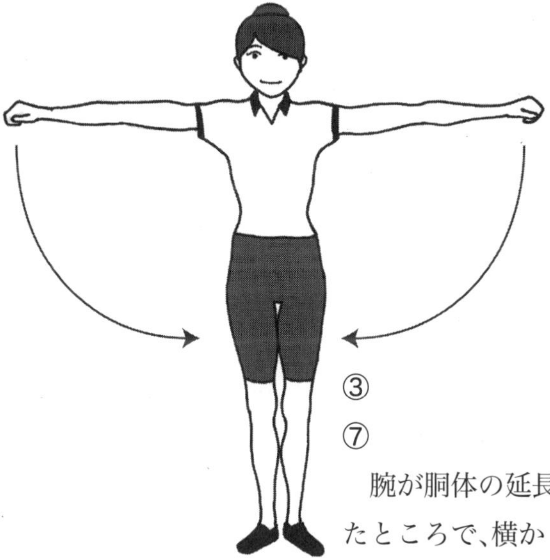

③

⑦

腕が胴体の延長上まで来たところで、横から下ろす。肘は伸ばし、耳をはさむように肩幅に上げる。指は軽く伸ばす。

ポイント

体側を伸ばしながら、腕を高く上げ、背筋を伸ばす。力を抜いて息を吐きながら腕を下ろす。

⑵　腕を振って脚を曲げ伸ばす運動

⓪はじめの姿勢

アクセントをはじめにつけ、腕を曲げ伸ばして両腕の交叉をときながら、横に振り上げる。

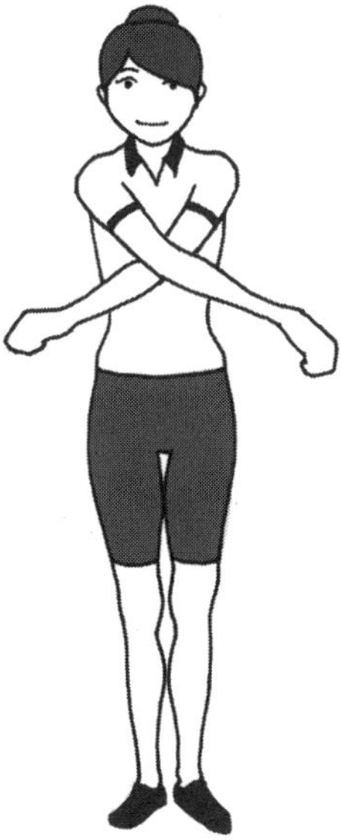

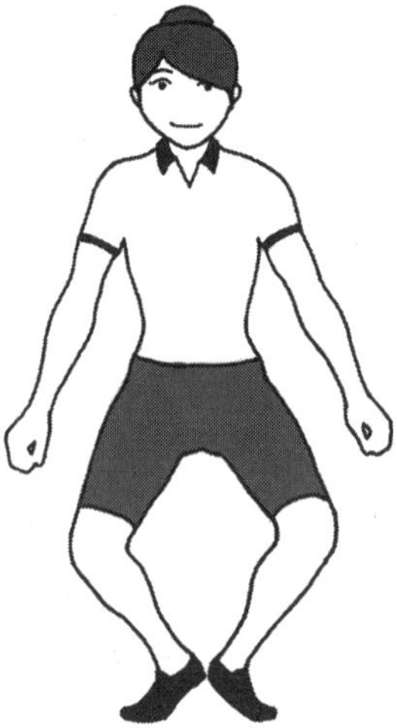

①

③

膝は半ばくらいまで曲げる。

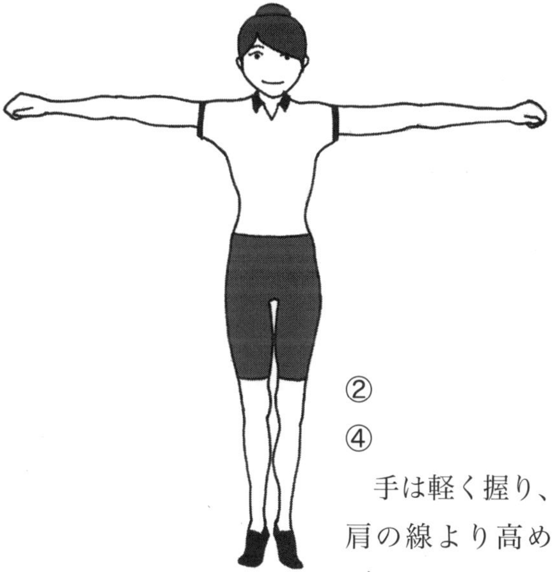

②

④

手は軽く握り、肩または肩の線より高めに振り上げる。力を抜いて、両腕を横からふり下ろし体前に交叉しながら踵を下ろして上げる。

ポイント

腕は振り子のような反動を利用してリズミカルに動作する。

⑶　腕を回す運動

①
⑤

体前に交叉した腕を、はじめにアクセントをつけて外回し、肩関節を中心にして軽く握ったこぶしが大きな円を描くようにする。

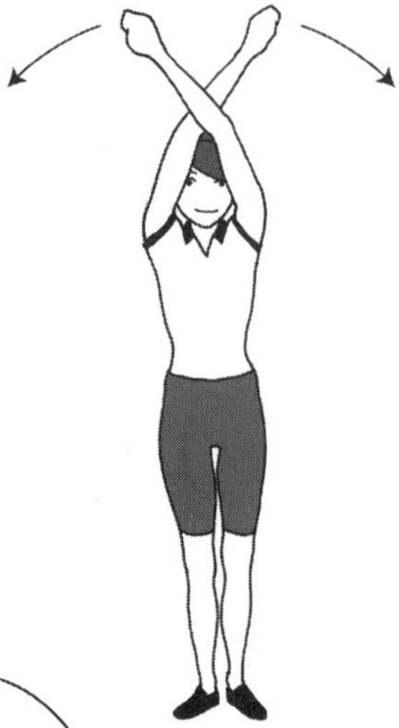

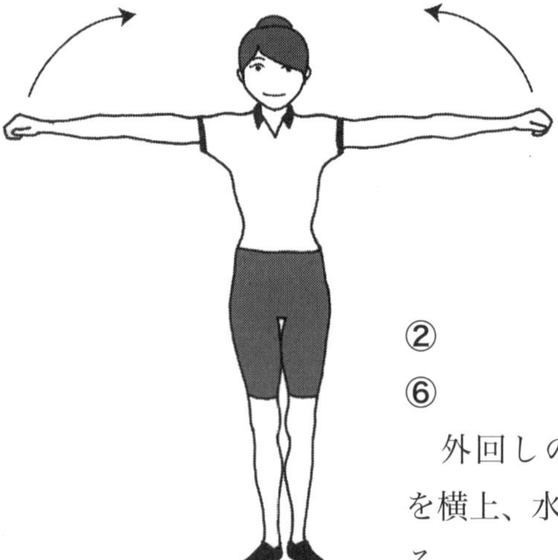

②
⑥

外回しの終わりで両腕を横上、水平まで振り上げる。

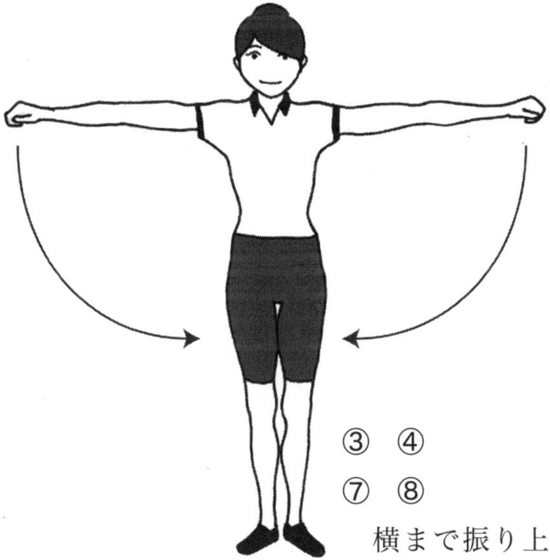

③　④

⑦　⑧

横まで振り上げた腕を体前に交叉させながら内回しする。

ポイント

腕をよく伸ばして、なるべく手先が遠くを回るように大きく振り回し手以外の姿勢が崩れないようにする。

⑷　胸を反らす運動

①
⑤
　足を閉じて体前で腕を交叉した姿勢から、左足を横に踏み出し、交叉した腕をときながら腕を横にふる。

②
④
⑥
⑧
　横に振りあげた腕を、また体前にふりかえして交叉する。

③
⑦
　今度は両腕を斜め上まで振り上げながらその振りを利用して胸を十分に反らせる（指先を伸ばす）。以上の動作を繰り返し、最後の動作で腕は体側に戻す。

ポイント

　腹が出ないように注意して、胸を引き上げるようにする。

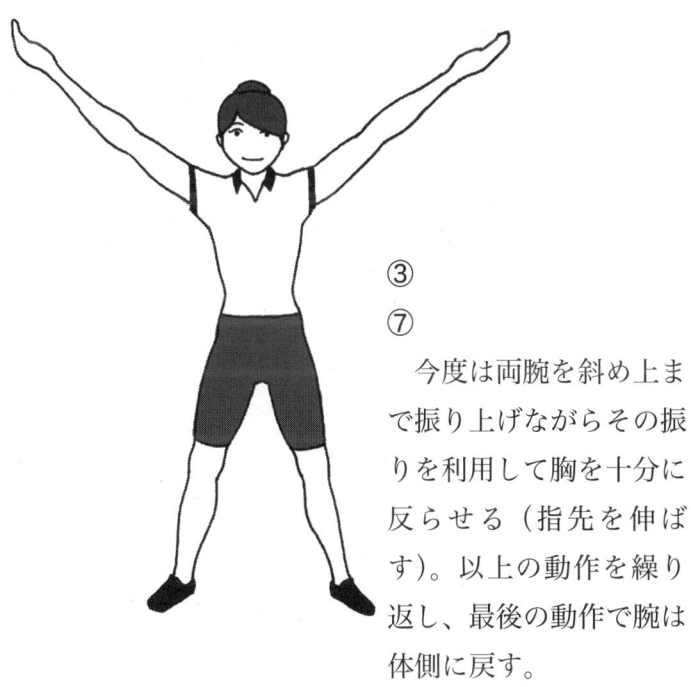

⑸　体を横に曲げる運動

①
③

開脚して、腕を体側においた姿勢から、右腕を横から上に振り上げ、体を左に曲げる。その時腕のふりのアクセントは最後につけるようにする。

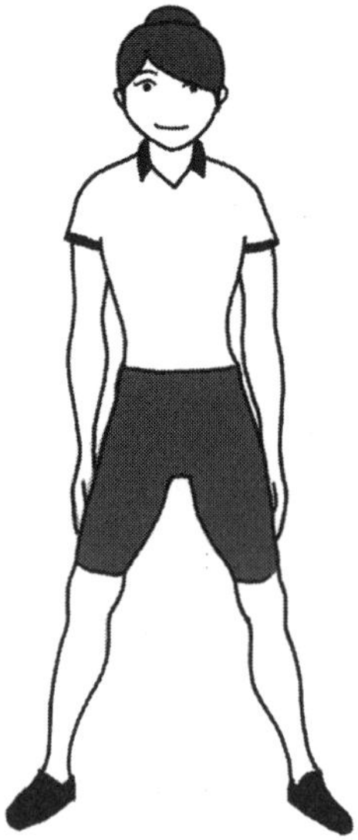

②
④
⑥
⑧

次に、体を起してからもう一回同様に左に曲げる。

⑤

⑦

左腕を横から上に振り上げて右に曲げ、起して更にもう一回左の時と同様に右に曲げる。最後の動作で腕は体側に戻す。

ポイント

手の内側で腿をたたくが、腰の方に下がってはいけない。側屈は全体がかなりよく曲げられなければならないので、頭をよく曲げ頸椎も側方に曲げ伸ばす。

⑹　体を前後に曲げる運動

①　②　③

　足を横に出した開脚、腕体側の姿勢から、上体の力を抜いて体を３回弾みをつけて前に曲げる。

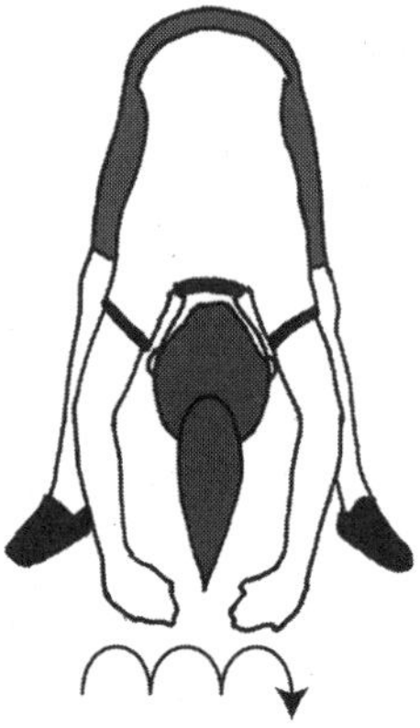

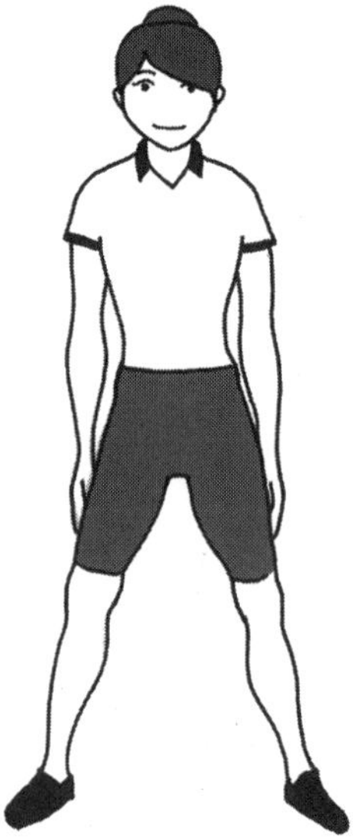

④
⑧

　体を起す。体を起すときは頭からではなく、背を起こしながら後から頭がついてくるようにする。

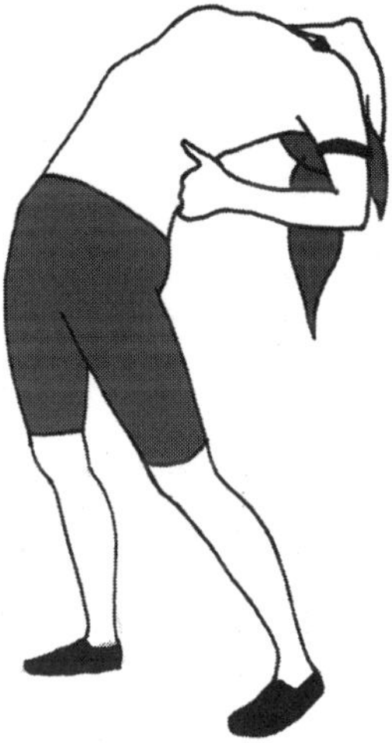

⑤　⑥　⑦

体を起し、もとの姿勢に戻ってから、手を腰にあて、そこを支点にして体を後ろに反らせる。反らせた体を起し、腰にとった手を離し体側に戻す。

ポイント

弾みをつけて深くやわらかく前に曲げる。後屈の時は手で腰を押す様にして反らせる。

⑺　体をねじる運動

①

③

横に足を出したら開脚して、腕を体側においた姿勢から、体を左右、左右とねじる。腕は、あとから体のねじりについてくるように振る。

②

④

⑤
⑦

次に体について振れた腕を振りかえしながら、左斜め上後に大きく２回振り上げて体をねじる。

⑥
⑧

２回目のねじりから腕を体側におさめる。同様な動作を反対側で行い、最後は足をもとにかえして腕体側の直立姿勢にかえる。

ポイント

からだを垂直に保つ、からだが前後に傾いたり、膝や足、足先が動かぬようにする。

⑻ 腕を上下に伸ばす運動

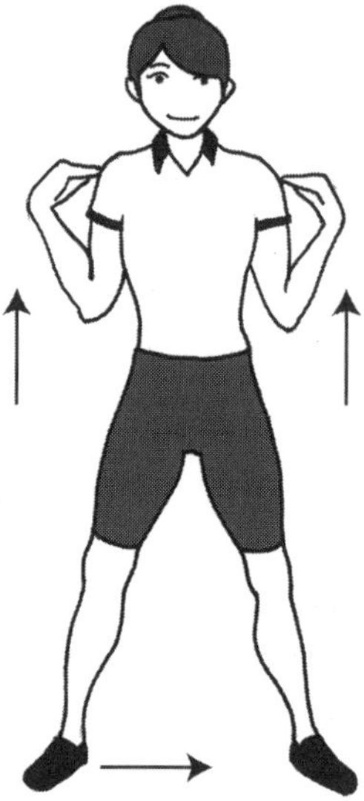

①
③
⑤
⑦

足を左に出しながら肘を曲げて手を肩にとる。

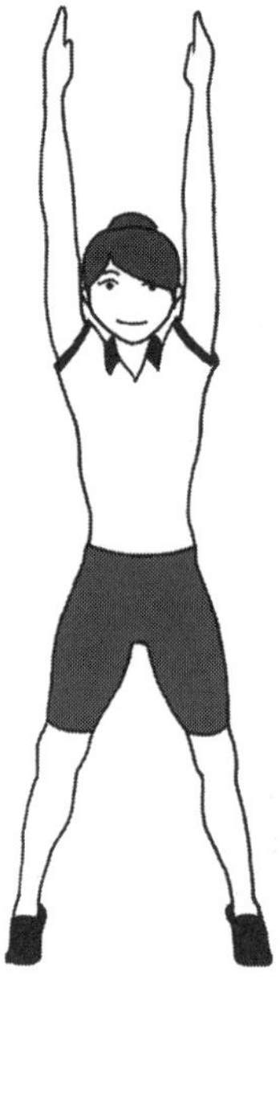

②
⑥

腕を上に伸ばしながら腫を十分に上げる。

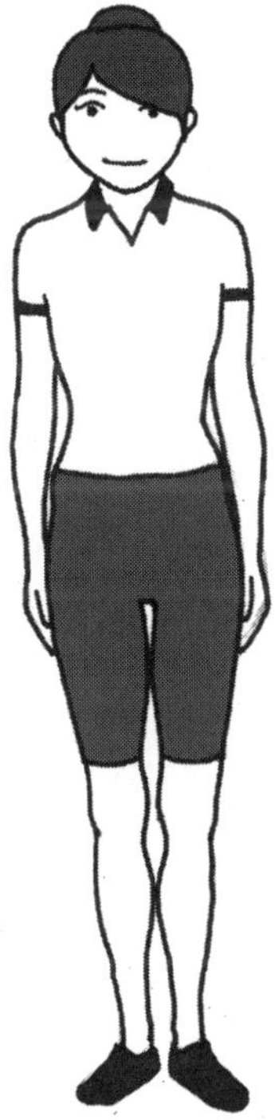

④

⑧

　そのまま手は肩幅で拳は向き合う。手は肩にかえし踵を下ろす。腕を下に伸ばしながら、出した足を元の位置に戻し足をそろえる。

　同様な動作を右に足を出しながら行う。動作はキビキビと行う。

ポイント

　足は２足長半くらいの幅にする。腕を肩に曲げたとき前にゆるめるようにする。

⑼　体を斜め下に曲げ胸を反らす運動

①　②
⑤　⑥

閉脚直立の姿勢から、右足を左に出しながら、上体の力を抜き、左前に２回弾みをつけて曲げる。両腕で片足を挟むようにして額を左脚に近づけるようにする。

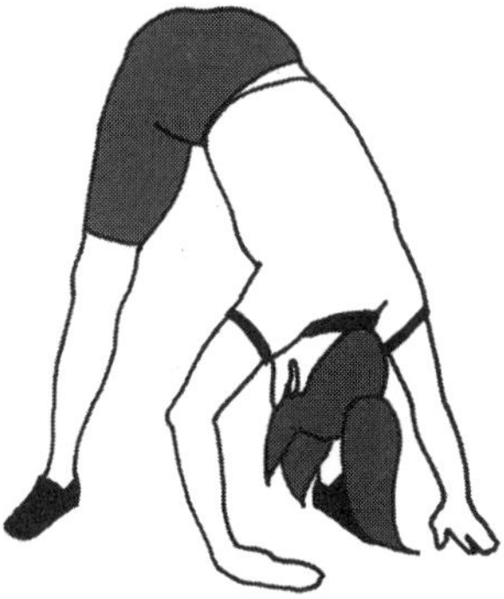

③　④
⑦

弾みをつけて斜前下に曲げた体を起こしながら体を正面にし、腕を斜後方にひらくようにして胸を反らせる。同様な動作を右の方でも行う。

⑧
　最後に体を起こしながら両腕を右斜上に上げて構える。

ポイント

　開脚の広さは３足長まで広げ、膝を曲げないように、また足先を動かさないように注意する。

⑽　体を回す運動

①

　このエクササイズの最後に右斜上にかまえた両腕を大きく振り返すようにしながら、腰を支点にして上体を左からはじめにアクセントをつけて①②③④ぐるりと左へ回す。

②

③

④

回し終ったところで腕を下ろさず、今度はその腕で誘導しながら、反対に右から回す。最後の⑧で出した足を引きつけ、両腕も体側におさめる。

ポイント

頭の重さも使って後方に深く回す。

⑾　両脚で跳ぶ運動

①　②　③　④

　閉脚直立の姿勢から、膝足首関節をやわらかく使ってその場で軽快に跳ぶ。

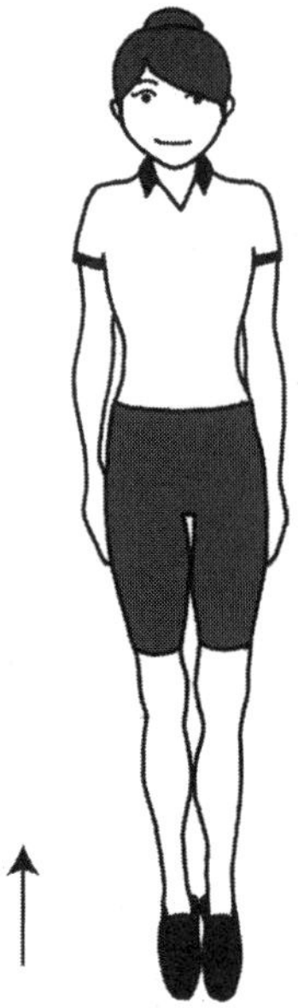

⑤

⑦

　次に両足を左右に出して跳びながら両腕を横（肩）の高さまで上げ、直ちに足を元に戻し腕も体側に戻す。

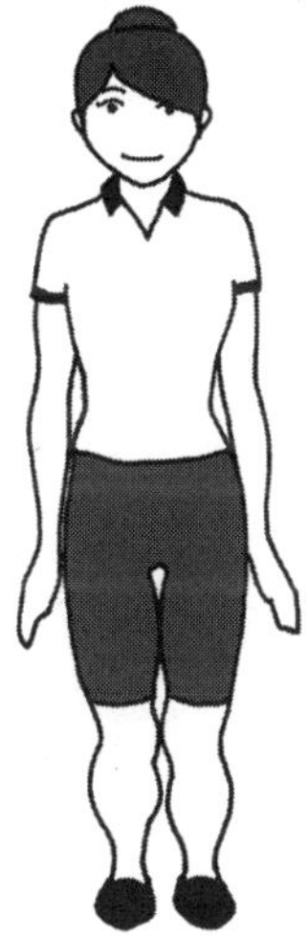

⑥
⑧
　最後の跳躍が、終ったところで腕を体前に交叉しそろえた足の踵を上げる。

ポイント

「全身を跳ぶ」という運動にまとめ、気持ちよく跳ぶ。

⑿　腕を振って脚を曲げ伸ばす運動

⓪はじめの姿勢

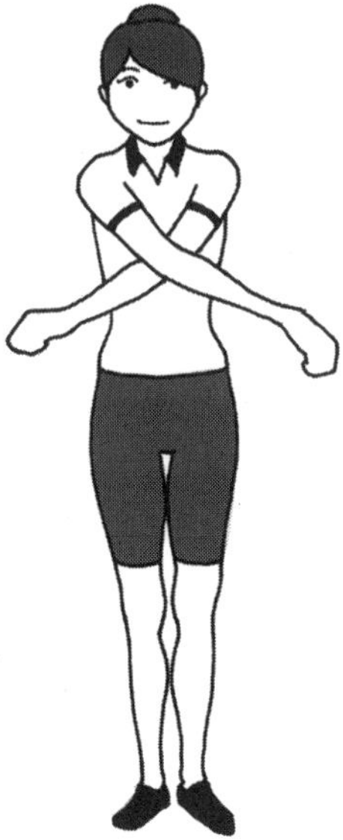

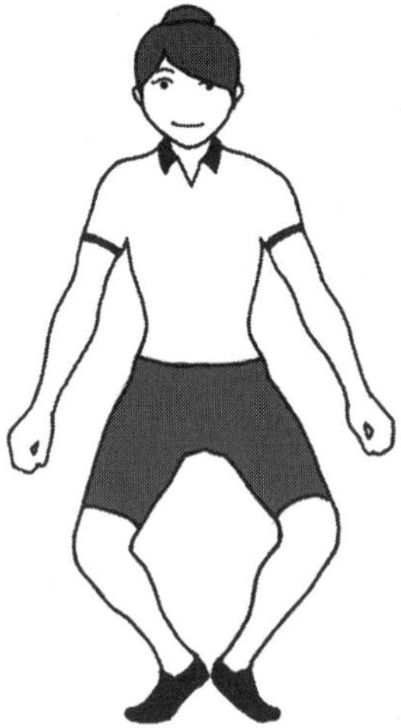

①

③

　跳躍の最後に体前に腕を交叉したので、その交叉をときながら腕を横に肩の高さまで振り上げ伸ばしをする。

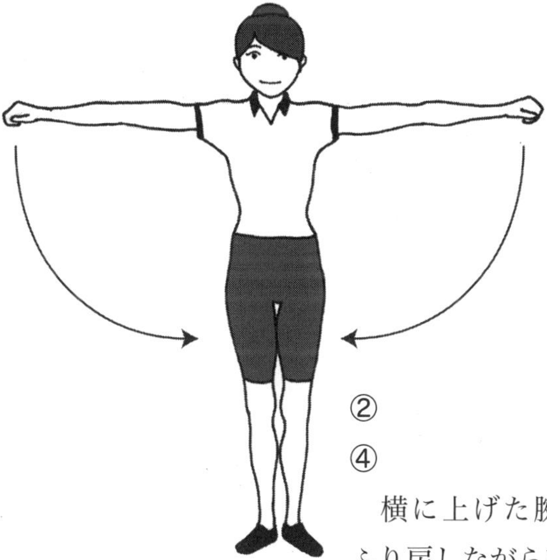

②

④

横に上げた腕を体前にふり戻しながら交叉し、踵を下ろしてまた上げる。

最後の動作で両腕は体側におさめる。

ポイント

腕は振り子のような反動を利用してリズミカルに動作する。呼吸を整える。

⒀　深呼吸

①　②

⑤　⑥

閉脚直立の姿勢から、体側にとった腕を静かに前から上にあげ、腕が頂点に達したところまで両腕を斜め横に開く。

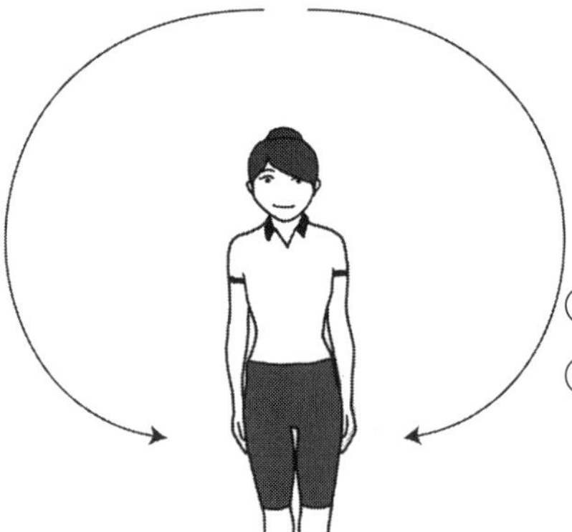

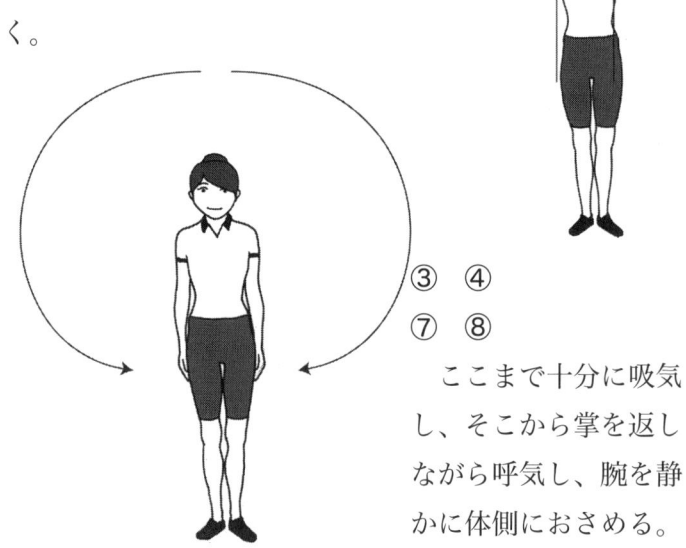

③　④

⑦　⑧

ここまで十分に吸気し、そこから掌を返しながら呼気し、腕を静かに体側におさめる。

ポイント

腕を前から上げ、斜め上まで開く吸気。腕を体側へ下す動作で呼気する。

4. 首の運動

前後に　上下に曲げる

横曲げ　左・右に曲げる

左右にねじる運動　左・右

頭の回転　左から・右から

5．ラジオ体操第２

⑴　全身をゆする運動

⓪はじめの姿勢

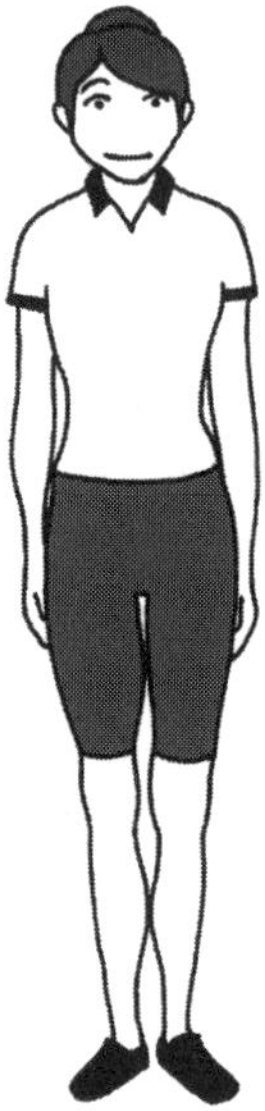

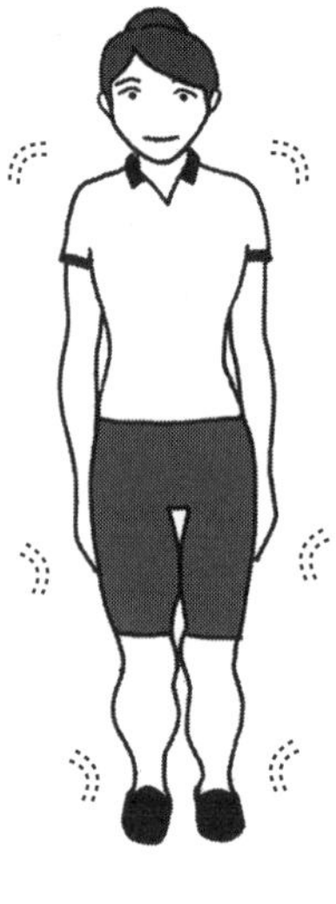

①〜⑦

　体を自然に保った直立閉脚の姿勢から、膝足首の軽い屈伸を使って体をゆする。特に肩や肘の力を抜いてリズミカルにゆする。

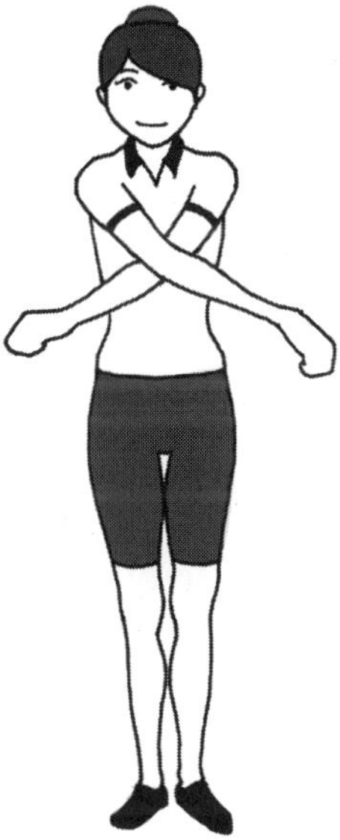

⑧

ポイント

動作を大きくのびのびと行い、節度はつけない。

⑵　腕と脚を曲げ伸ばす運動

①

⑤

体前交叉した腕を、振りときながら横から上にふり上げ踵を上げる。

②　③

⑥　⑦

振り上げた両手の間隔が肩幅ぐらいになったところで、両腕と脚を弾性的に曲げ伸ばしする。はずみのついた腕を上に伸ばしながら横から振り下ろし、腕を体前に交叉する。

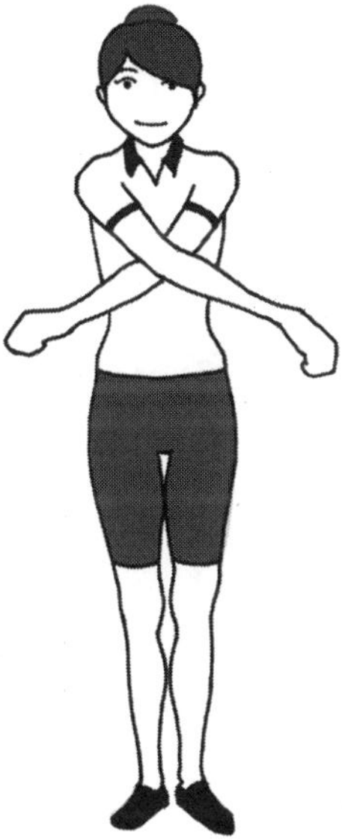

④
⑧
　8呼間2回目の最後の動作は腕を交叉させないで体前肩よりやや低めに振り上げる。

ポイント

　胴体が前後に揺れたり頭が前に下がらないようにする。

⑶　腕を前から開き回す運動

①（速く）

⑤（速く）

⑵の運動の最後の動作で、両腕を前に上げた姿勢から運動が始まるが、まず、上げた手の脈部を向い合わせ横に開く、アクセントは最後につく。

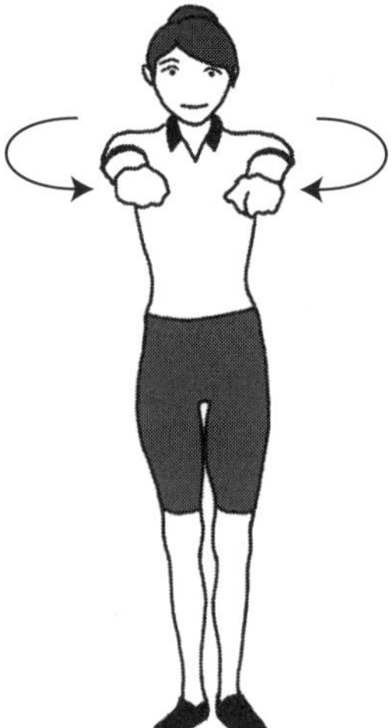

①

④　⑤

⑧

即ち横に開いた限界で力を入れ、ハネ返ってこぶしが体側に返ってくるようにする。横に開いた時、手の位置が肩より少し高めがよい。下がらないことが大切である。

②

⑥

返ってきた腕を前から振り下ろして、後まで振れた腕を前回し肘を伸ばし腕が耳を擦るように深く回す。

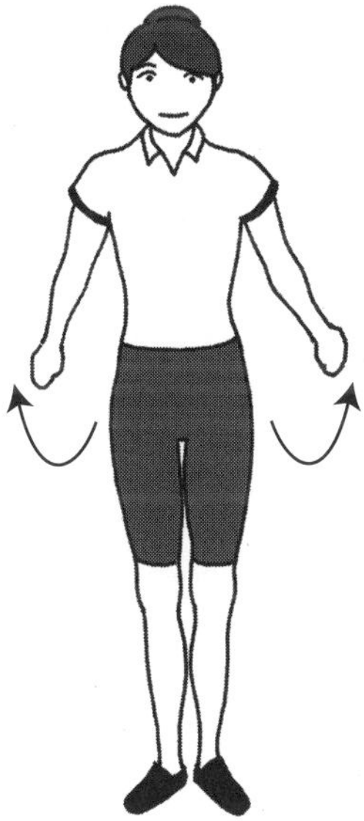

③

⑦

ポイント

開くときも回すときも肘をよく伸ばして行う。回すときは耳の近くを腕が通るようにする。

⑷　胸を反らす運動

①　②

⑤　⑥

前の運動（3）の終りは、閉脚で腕は体前交叉であるから、その腕の交叉を振り解きながら、腕を横から斜め上に振りながら胸を十分に反らせる。①・②呼吸は吸気。

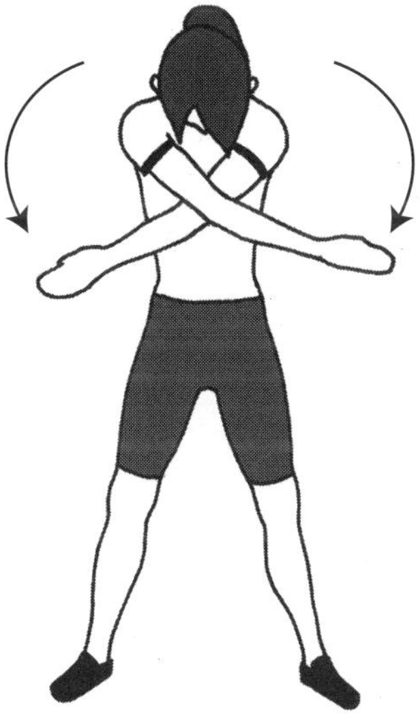

③　④

⑦　⑧

斜め上に振り上げた腕を体前に交叉させながら頭を前屈し胸を深く下げて呼気をする。

ポイント

腰が基本となり動かぬように注意する。

⑸　体を横に曲げる運動

①　②

左右の開脚姿勢から、左腕を脇の下にとり、右腕を横から上に振り上げて2回曲げる。脇にとった左手を支点にして胸の上部を曲げるようにする。

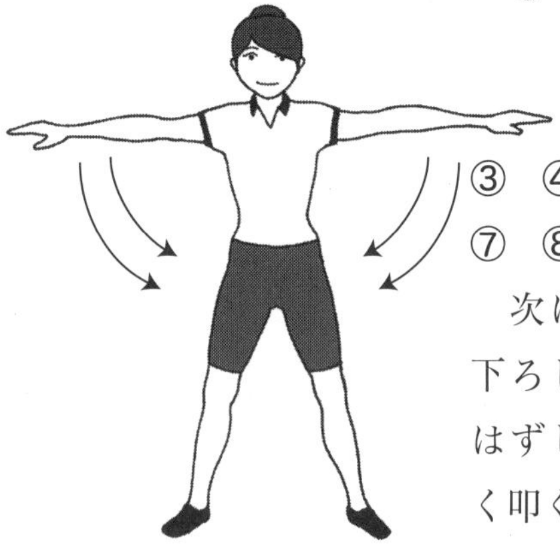

③　④

⑦　⑧

次に右腕を上から振り下ろし脇にとった左腕をはずして両手で体側を軽く叩く。これは動きを中断しないでリズムを温存させるためである。

⑤　⑥

同様な動作を反対側に行い、最後は叩いた両腕を前に上げる。

ポイント

腕の振り上げと体の横曲げとの動作が良く合うようにする。腰が動かないようにする。胸が顔の前に来ないようにすること。

⑹　体を前後に曲げる運動

①　②

⑤　⑥

前に上げた両腕を振り下しながら、体を深く前屈させる。両脚の間から後方を見るようにし、両腕は後上まで振り上がるようにする。

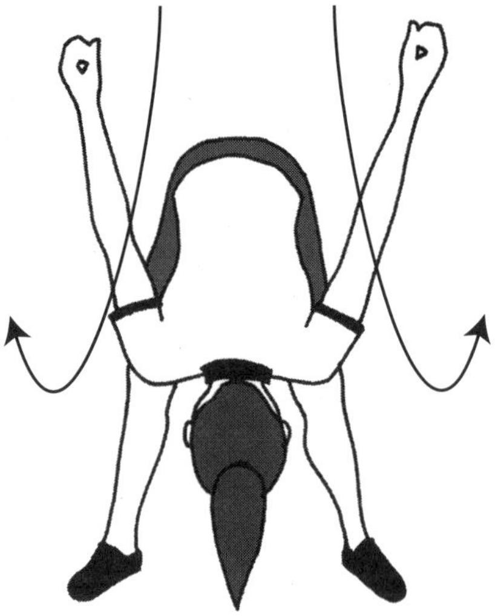

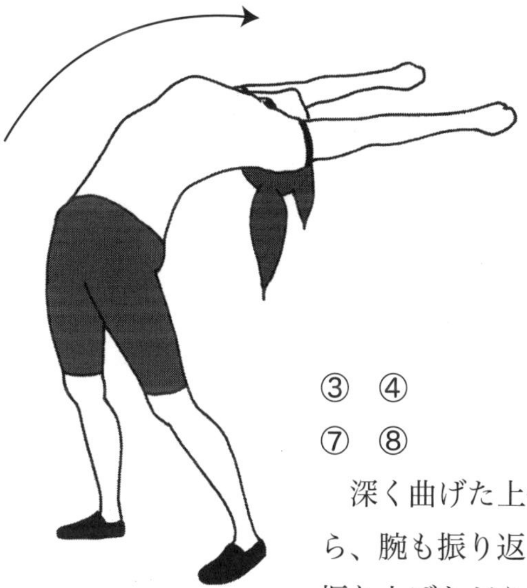

③　④

⑦　⑧

深く曲げた上体を起こしながら、腕も振り返し、今度は上に振り上げながら上体を後方に反らせる。首の力を抜き反って後方を見るようにする。最後は⑦まで反って⑧で体を元の直立に返す。

ポイント

前でなるべく深く、後ろでは手先がなるべく後ろの方に伸びるようにする。両腕の幅が広くならないように注意する。

⑺ 体をねじる運動

①
⑤

開脚立位の姿勢から、両腕を左に水平（下がらないように水平より少し上でもよい）に振り、体を十分ねじる。その際、足裏は浮さないようにする。

②
⑥

反動を使って今度は右にねじる。顔はねじる方向を見るようにする。

③
⑦
　左右に大きく振った腕を体側に下ろして余韻のように小さく体に巻き付けるように振る。

④
⑧
　以上の動作を繰り返し、最後は出した足を引きつけて閉脚直立姿勢になる。

ポイント

　膝をゆるめないようにして、背柱が垂直のまま、ねじれるようにする。

⑻　片脚跳びと駆け足・足踏みの運動

①　②

閉脚直立の姿勢から、右脚で２回跳びながら左脚の膝を曲げ腿を胸に引きつけるようにして軽快に跳ぶ。

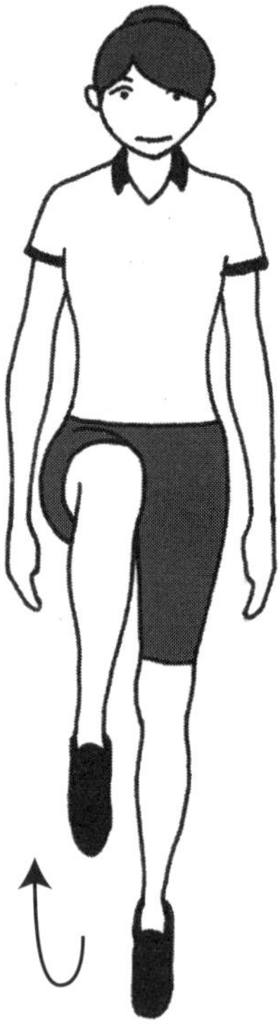

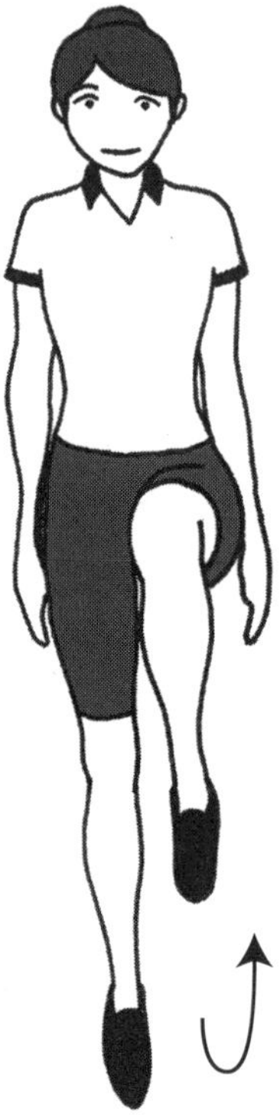

③　④

同様左足で２回跳ぶ。

⑤
⑦

次にやわらかくその場の駆け足足踏みを行う。最後は始めと同じく閉脚直立の姿勢に戻る。

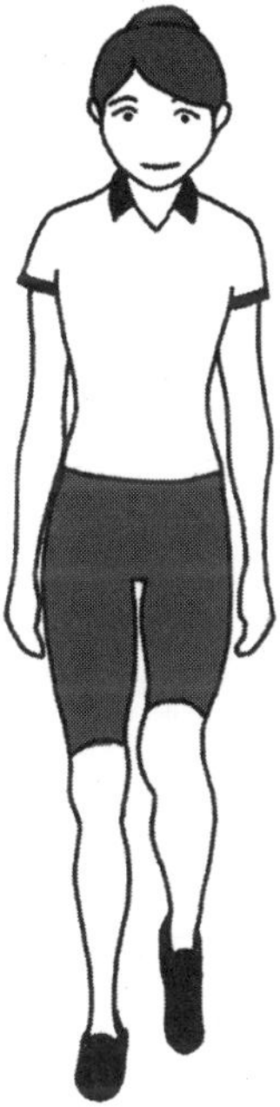

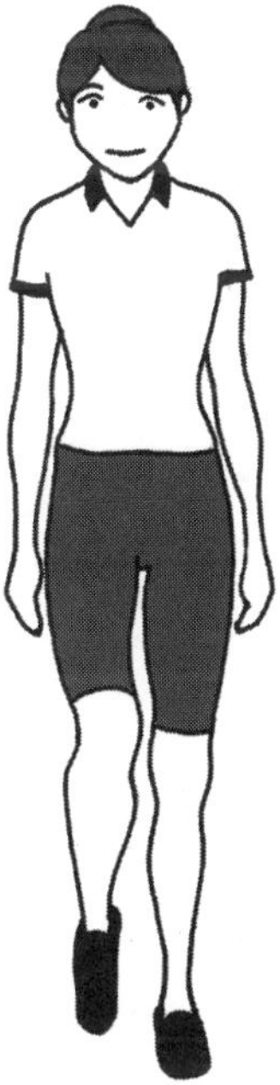

⑥
⑧

ポイント

体全体を伸びやかな姿勢でリズムは早めに行う。

⑼　体をねじり反らせて斜め下に曲げる運動

①　②

⑤　⑥反対回し

直立閉脚の姿勢から、左足を横に出し左に上体を向けながら、両腕を上に振り上げ体を反らせる。

③　④

⑦　⑧

左に反らせた体を右足と両腕で挟むようにして両腕と上体を振り下ろし、首・頭の重さを使って揺するように２回曲げる。上体を起こしながら、右腕を挟むように下ろした両腕を左前に振り上げ、上体をそちらに向ける。その腕を振り下ろしながら左上に振り上げ体を反らせ反対側同様な運動を行う。

ポイント

腕の振り出しを半拍手先行して、反対側から行う様にする。良く体を反らせ、曲げ、関節の動きを大にするために開脚は幅広く。膝を良く伸ばす。

⑽ 体を倒す運動

①

⑤

開脚直立の姿勢から、体を前に倒しながら腕を体側から上体の延長上まで上に振り上げ、上の極限まで振ったところで両腕を前倒した体側に振り返す。

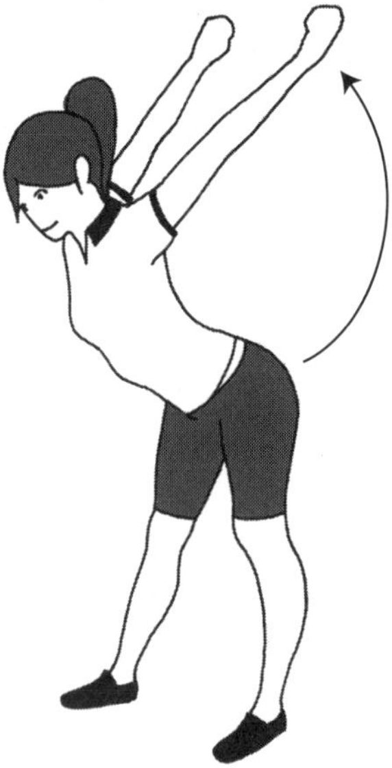

②

④

⑥

⑧

③

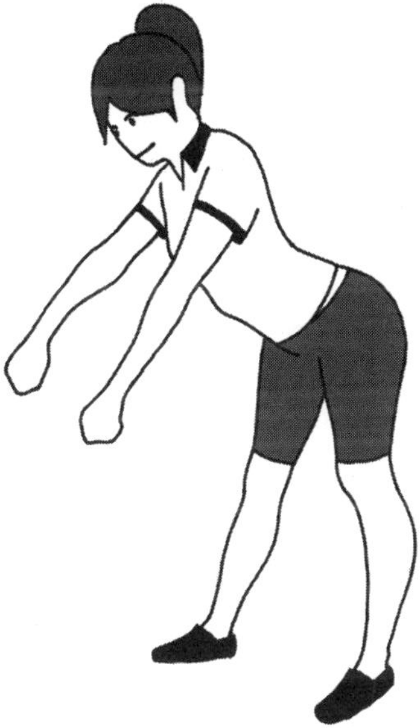

⑦

後方に振れた両腕を前に振り返す。更に後方に振り返す。次に大きく上に振り上げ、振り下ろす。体を起して腕を前後に振る。最後の運動で足を引きつけ腕を体側にとる。

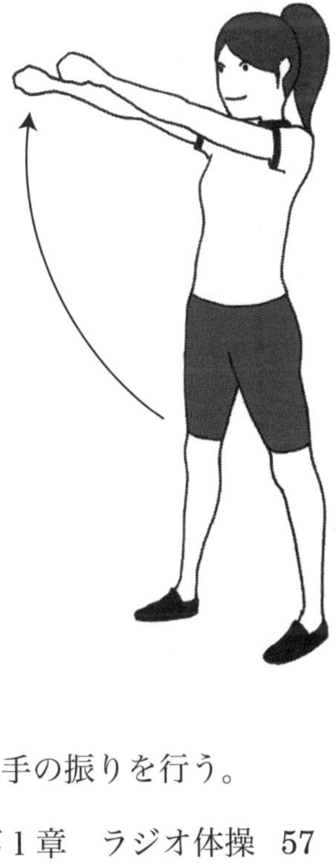

ポイント

正しい体前倒姿勢を崩さずに手の振りを行う。

⑾　両足で跳ぶ運動

①

④

直立閉脚の姿勢から跳んで足を左右に開き、腕を横に上げる。腕は水平か心持ち上でもよい。

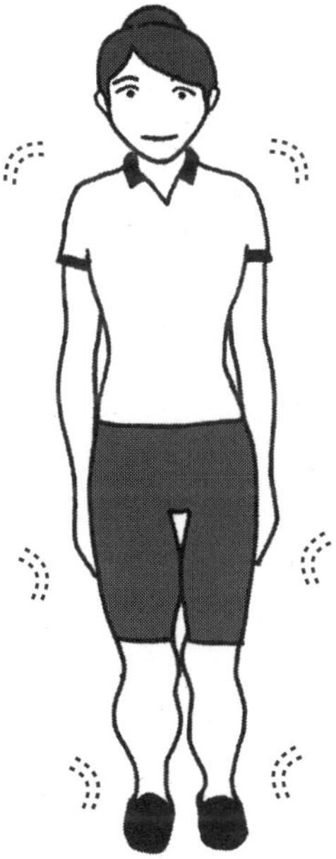

②　③
⑤　⑥
　左右に開いた足を揃えながら、腕も体側に戻し、トントンとその場で2回跳ぶ。したがってこの跳躍は3拍子になる。大・小・小・大・小・小と調子よく歯切れよく跳ぶ。最後の跳躍が終ったならば両腕を前に上げ踵を上げる。

ポイント

足首、膝、股関節をやわらかく利用する。

⑿　腕を振って脚を曲げ伸ばす運動

⓪はじめの姿勢

両腕を前に挙げて挙踵した姿勢から、腕を前から振り下ろして横まで振り上げながら膝の屈伸を1回行う。

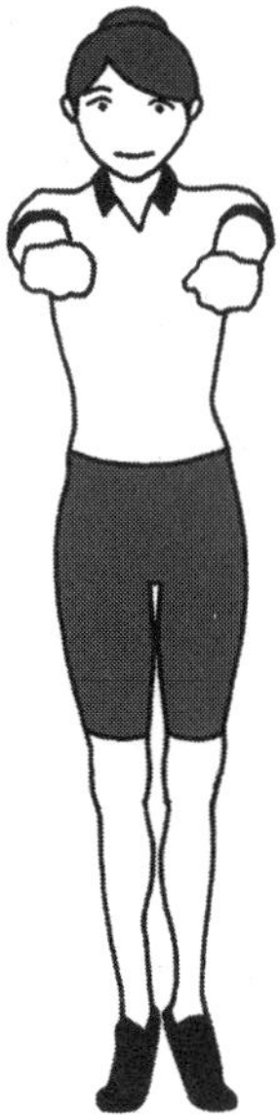

①

②

　横に上げた腕を体前に振り下ろしながら前に振り上げ、その間、踵をおろして上げる。最後の動作は腕は体側におさめ、踵を下ろし、閉脚直立の姿勢になる。

ポイント

膝の動作は弾力的に腕の振りと良く合わせる。

⒀　深呼吸

①　②

第一体操より少し複雑な方法を取り入れ呼気と吸気を大きくしている。

閉脚直立の姿勢から、両腕を静かに前から上にあげ、腕の上拳が極点に達したところで左右に斜上まで開いて吸気する。

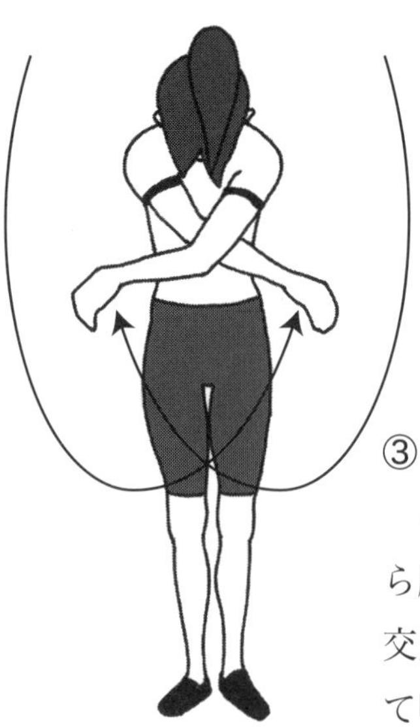

③　④

そこから徐々に掌を返しながら腕を下におろした体前に腕を交叉し、顎を引き胸を前に狭めて呼気する。

⑤　⑥

次に体前に交叉した腕を解きながら顔を起こし、胸を反らせながら、両腕を斜め後に開きながら吸気する。

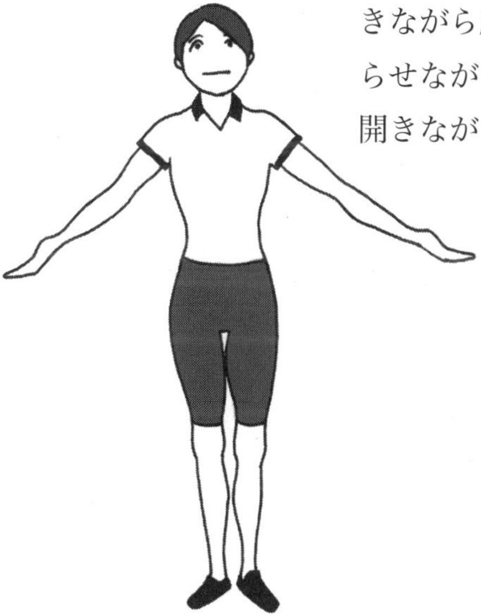

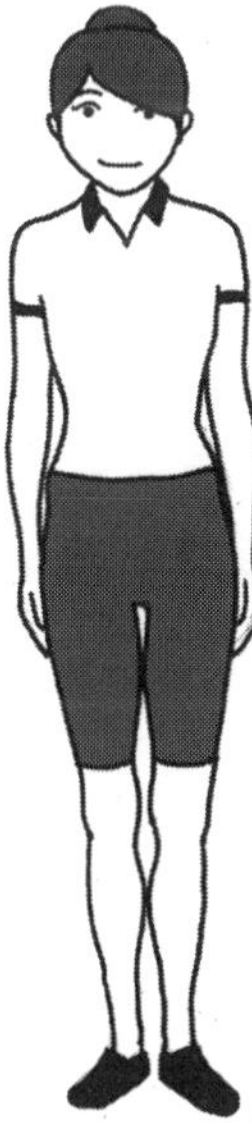

⑦　⑧

両腕を体側におさめて元の姿勢にかえる。

ポイント

吐き出す時は力を抜いて行う。

2章

我がラジオ体操の半世紀

我がラジオ体操の半世紀

私が始めてラジオ体操に参加したのは、昭和45年5月28日。世田谷区内の羽根木公園のラジオ体操会であった。それというのも、垂乳根の胎内より生まれし私の母よりの情報から得たものである。

「善は急げ」とばかり、朝5時に起床。公園に一歩踏みしめた瞬間、あの茫々と生い茂った森林地帯　根津山が実に素晴らしい公園に成り代わっていることにヒョッコリ仰天。

やがて6時30分。トランジスタラジオに合わせて「新しい朝が来た　希望の朝だ……」のメロディが流れる。当時は、歌詞も知らず池田幸三郎先生に習って手を振って、足踏みのみ。

あたりを見渡したところ若者と感ずる人は、私唯一人くらいのものであっただろうか。最も70・80花盛りなのだが。伸びない手を一生懸命に伸ばし、曲がらない腰を曲げたり伸ばしたり。一見微笑ましくもあった。

この体操会、聞くところによれば、雨が降ろうが、雪が降ろうが、年中無休とのこと。そのころ、体操にみえている70代の女性の方が、「年中無休だから、明日は雨が振るかしらなんて心配することがなくていいですわョ」と流石に、てるてる坊主など軒にぶらさげる必要はサラサラないのである。

我が家に戻ってからの食事は、一膳が二膳と胃の調子はますます好調、前日に会合があり飲みすぎても、朝の体操をすることによって、二日酔いなどは全く味わったことがない。たとえ起床寸前､頭がなんとなく重くても、サッサと着替えて、公園に向かっている間に、頭の重みも、いつの間にか軽快な心のはずみにうって変わってしまうのだから、まことに可笑しなものである。

人間、常に楽をしたい気持ちがあることは論ずるまでもないが、生きるうえでの最も大事なことは、まず健康第一である。何人も健康であれば，自ら幸福を掴むこともいとたやすかろう。老化は足からと言われる如く、足を丈夫に鍛えておくことが肝心である。

また、毎日体操を通じて、規則正しい朝の行動が、出社してからの仕事の能率を向上させ、会社の同僚とも、和気あいあいとして仕事ができるのである。

いまの若い人達は、とかく精神がたるんでいるように思われるのだが、今日の仕事を明日に伸ばすことなど平気で、夜更かし、朝寝坊の習慣が日常の生活行動に、いつの間にかマイナスになって現れていることにお気づきなのだろうか。

こうしたいくつかの体験を身を以って痛感し「健全なる精神は、健全なる身体に宿る」との諺が、実感として湧き出ずるのである。

世間では、とかく老人は孤独であり、また寝たきり老人もかなりの数にのぼるという。しかし、羽根木公園に集い、朝のひとときを有意義に過ごしておられる方々は、数多い高齢者のなかでも大変仕合わせな人達である。それは個人個人が、自ら健康増進に励み、健全なる精神を培うことによって、神も自然に幸福を与えてくれることでしょう。

そのような精神を養うところに、また、この体操会の大きな意義があるものと思う。

平和で明るい社会を築くためにも、ひとりでも多くの方が、この体操会に参加して、心豊かな生活を送ろうではないか。

お陰様で私は、爾来風邪をひくこともなく、愉快に毎日を暮らしている。これは、偏に当歩行会、会員の皆様の暖かい心と心の触れ合いの賜物と深く感謝している次第である。

1．夏季巡回ラジオ体操祭

世田谷区で開催された夏季巡回ラジオ体操祭全国中継放送は次のとおり。

1．昭和 49 年 8 月 13 日　羽根木公園野球場　東京都の各会場から 2 千名を上回る盛況であった。

2．昭和 53 年 10 月 1 日　一千万人ラジオ体操祭東京大会　羽根木公園で開催　参加者 3,000 名

3．昭和 56 年 8 月 15 日　弦巻小学校で開催　参加者 1,500 名

4．平成元年 7 月 20 日　日本女子体育大学で開催　参加者 2,000 名

5．平成 6 年 8 月 13 日　連盟創立 20 周年記念　駒沢オリンピック公園陸上競技場で開催　参加者 3,000 名

6．平成 11 年 8 月 15 日　連盟創立 25 周年記念　駒沢オリンピック公園陸上競技場で開催　参加者 2,000 名

2．国際交流ラジオ体操の参加状況

1．昭和52年3月　全国ラジオ体操連盟主催　ハワイ親善の旅　都連盟より参加者254名

2．昭和54年3月　米国西海岸親善の旅　都連盟より参加者320名

3．昭和57年5月　日中国交回復10周年・全国ラジオ体操連盟結成20周年を記念し日中友好親善使節団派遣（団長　西山博昭）　都連盟より参加者94名

4．昭和63年7月　ラジオ体操60周年を記念し、国際親善オーストラリアへの旅参加(団長　故八木菊郎)　都連盟より参加者200名

5．平成5年6月　当区連盟20周年の記念事業の一環として、カナダへの親善の旅に参加　区連盟より参加者13名

世田谷区ラジオ体操連盟も創立20周年を迎え、記念祝賀会を平成2年に世田谷区で完成した「北沢タウンホール」で開催。大場啓二世田谷区長をはじめ越智通雄衆議院議員、宮田玲人区議会議員、柳川英麿全国ラジオ体操連盟理事長、青山敏彦NHKテレビ・ラジオ体操指

導者、東京郵政局を代表して北村雅恵様、津村金一郎世田谷区教育委員会教育長、小川健治世田谷郵便局長、東京都ラジオ体操会連盟　佐下橋盛喜ほか多くのご来賓のご臨席を賜り盛大に挙行した。

3．表彰関係

昭和62年8月9日　一千万人ラジオ体操祭中央大会に於いて全国表彰受賞

平成13年11月3日　勲五等端宝章受賞

日本国天皇より叙勲の栄誉を頂く。

4．認定試験

昭和17年より「全国ラジオ体操公認指導士認定試験」が日本郵政公社、ＮＨＫ等関係機関の協力を得て、１級ラジオ体操指導士・２級ラジオ体操指導士・ラジオ体操指導員の認定試験があり、平成17年12月15日１級ラジオ体操指導士の認定に合格し、認定証を受領した。

3章

短歌

文中の短歌は妻　さち子（世田谷区ラジオ体操連盟常任相談役）の作による。

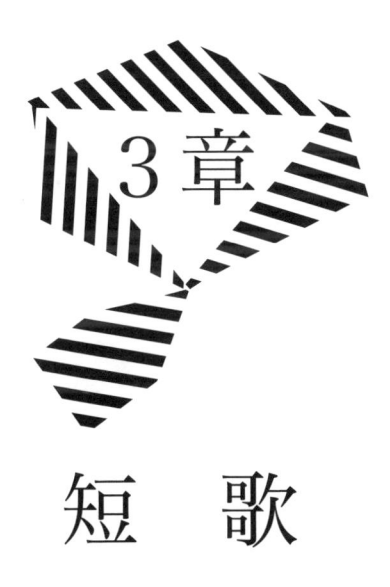

短　歌

1．国際交流

全国ラジオ体操連盟では、小林団長以下320名が昭和54年3月4日から9日間に亘り、アメリカ西海岸への親善旅行に参加、当区連盟より38名が参加。

日米親善の大役を滞りなく果たし、3月12日全員無事帰国した。

アメリカに旅たつ夫を見送りぬ
　　　　弥生四日の雪の降る朝

2．森と湖の北海道旅行

第18回　一千万人ラジオ体操祭中央大会が昭和54年7月29日、札幌市南区のオリンピック施設真駒内競技場に2万人が参加して行われた。

この大会に参加するため、東京都ラジオ体操会連盟から352名、そのうち世田谷区ラジオ体操連盟の派遣団は46名であった。

体操の三百余命の同士らと
　　　　旅立つ夫の責は重たし

「北海道の花」と定まりしはまなすは
　　　　責持つごとく厳と咲きおり

山際に川の岸辺に群生す
　　　　蝦夷地のふきの名ある丸き葉

日高にて遭難したる北大の
　　　　山岳部員の悲話聴きて行く

緑なす摩周の山を水面に
　　　　映して清しきょうのみずうみ

神秘なる摩周の湖の霧はれて
　　　　稀なりという姿見せおり

摩周湖にまつわる老婆の伝説を
　　　　阿寒に向かう車中にて聞く

一面にビートの絨毯敷きつめて
　　　　十勝平野は一望千里

十二年湖底に生きてみどりなす
　　　　マリモは根もなく花さえもなく

阿寒湖の岸辺に咲きし石楠花の
　　　　紅に重ねて白きまたたび

びょうぶ岩・姫岩ありて楽しかり
　　　　層雲峡の名ある渓谷

オホーツク左に抱き網走を
　　　　過ぐれば広き原生花園

真向かいに知床半島横たえて
　　　　オホーツクの海青く広がる

3. 九州の旅によせて

第23回一千万人ラジオ体操祭熊本中央大会に参加して、永井隆さんの随筆「この子を残して」の入学式の一節を紹介。

「お父さん、行ってきまァす。」「行っていらっしゃい。」

小さい二人は門に向かう。門の外を一年生が次々通る。にぎやかだ。とカヤノが立ち止まった。誠一が手を引く。動かない。入学生の群れをみつめたまま動かない。泣き出すのでもない。じたばたするのでもない。小さい兄は困りきってしきりになだめすかしている。

ききめがない。硬い木彫人形のようにびくとも動かぬ。

とうとう兄さんもべそをかき始めた。何故だろう？さっきまで、あんなに入学を喜んで浮き立っていたのに。

服は新調、靴もおろし立て。ランドセルは上等……。何か足らぬの？乏しい原子野のこととて、きちんと身なりをととのえた子は少ない。しかし、みんなお母さんに手を引かれている。お母さんと楽しげに語り合ってゆく。それだった。

カヤノは忘れていた事実を不意に思い出させられたの

だった。私は思わず毛布を引っ被った。ああ、門出のときから、既にこの子は、こんなに冷たい風に吹きさらされるのか。……

九州の旅によせて

花鉢の潅水を気に病みながら
　　　　我旅たちぬ九州の地に

中岳の噴煙を背にゆったりと
　　　　草を食む牛は肥後の赤牛

宗派越え中座に聳ゆる祈念像
　　　　世界の平和をここに希いて

限りなきロマンを秘めしたたずまい
　　　　潮の香り漂う平戸港町

4章

感謝のことば

感謝のことば

私は、永年ラジオ体操の指導をしてきた中で、色々と感謝の手紙を頂いている。次に紹介するのは実際の文面である。

○「春眠暁を覚えずと云う季節は終った。だが「眠い」ことで、これからが本番であろう。十分睡眠をとって、一日の疲労を回復するのは、朝寝坊の弁解ではなくて、自然にかなった健康法かも知れない。「早起き」といえば「成る程お年のせいで……」と云われた。「50・60は未だ蕾」と毎朝、高らかに歌うほど威勢がいいのだが。」　H・K生

○「ラジオ体操によって、必然的に襲ってくる老化現象を防ぎ、或いは生きがいを感ぜしめる。これは老人問題の解決の端諸になると思います。」　Y・S生

○「体繰こそ健康の秘訣と44年間も毎朝欠かさずラジ

オ体操を続けている。体重が83キロ。何とかやせたいとの願いから、真冬でも朝6時30分から近くの公園で「一、二、三、四……」。現在では、体重23キロも減り60キロ。未だに風邪を引いた事がない。」
S・T生

○「人生に病気はつきものの如く云う人がありますが、これは間違い。健康になろうと思えば、常に努力が必要です。寒い、暑い、眠い、辛いなどと怠けていれば、病魔が襲うのは当然。そこを乗り越え、努力し、毎朝酸素の多い空気を吸い、歩行とラジオ体操を続けていれば、足と胃腸が丈夫になり、心身ともに、さわやかで、医師や薬に縁がなくなり、仕事の励みと人の和が保たれ、勿論家庭内は極めて円満となり、明るく楽しい幸せな人生を過ごすことができます。」 T・I生

○「10分間のラジオ体操で、体の健康を培い、暖かい団欒の和から、健康な精神が育つ。」 S・Y生

○「現代文明の心臓病には、スポーツこそ最良の薬である。心臓病死の増加が運動不足に大きな原因があると考えている。特に都市に住み、運動不足がちの人達は、

心臓疾患が明らかに確実に増加している。また、適当に運動を定期的に行った人の方が、再発率も、死亡率も遥かに低いことが実証されている。」 R・S生

○「正しくラジオ体操をやれば、という条件つきの話。実はラジオ体操を正しくやるのは案外難しい。例えば、体側を伸ばすという動作、片手を脇の下につけ、反対側の手を振り上げて、体を1、2と横に曲げるあの運動―このとき、手の甲はできるだけ高い位置で脇の下につけ、脇の下をぐっと押すような気持ちで、真横に体を曲げなくてはいけません。正しくやれば、角度にして、体は少ししか横に曲がらないが、それでも、完全に体側が伸び、丁度、肩をもんでもらっていて正しいツボに当たったときのようにいい気持ちがします。ところが、これを下手な人がやると、「曲った、曲った」といって喜んでいますが、体が前にのめっていて、実際には少しも曲がっていません。これでは、体側を伸ばすという効果は少しもないのです。」 Y・H生

○「このラジオ体操の歌は、口ずさむと、自然に力が湧いてくるような一日の始まりとしては気持ちの良い歌である。体操も体の部分を考えた最も基本的な無駄の

ない運動だと関心する。上体をそらす、曲げる、回す、跳ぶなど、どこの体操の一つひとつを確実にやっていたら汗が出ると言われている。ところで、子供たちの体操を見ていると、上体は反らさない、曲げない、伸ばさない、手はブラブラで、きびきびしたところがない。なんとも歯がゆくて仕方がない。すべての競技の基本となる体操が何故こうも下手なのか。学校の体育の時間にみっちりと基本的な手足、上体の屈伸など厳しくやってほしい。」　T・T生

○「ラジオ体操を始めて４年になりました。朝の清々しい空気。四季折々に変わる城山公園。日々変化する太陽。月と太陽が一緒に見える日。寒い朝の素晴らしい日の出を拝める幸を感謝して居ります。布団の中にいるのがもったいないような気がして、寒い中を飛び出して行きます。目方は余り減りませんが、ウエストは５cm細くなりました。」　M・I生

○「省みて発足当時から今日まで各方面の方々の好意あるご協力とご指導のお陰で、我々の活動目標とその使命に向かって、一歩一歩、歩んできた結果が現在の固い粋で結ばれた連盟の姿を思うとき、誠に感無量です。

四季を通じて、一日一日を明るく、健康で過ごせることが、どれほど幸せなことか。ラジオ体操愛好者は皆が身をもって体験していることではないでしょうか。これからも、毎朝、大勢の仲間が笑顔で仲良く、お付き合いができて、一人でも多く心の交流の輪を広げていけたら、きっと皆さんの老後にも大きな幸せの日が待っていることでしょう。」　S・I生

○「この度は弦巻小学校のラジオ体操のために、早朝より体操のご指導をして頂きまして、本当に有難うございました。お恥ずかしながら、ラジオ体操を真剣にやりますと、汗ばみ、普段は使わない筋肉などもしっかりと鍛えられることを初めて知りました。

子供たちにとっては勿論、私たちにとっても有意義で、楽しい一週間でした。来年度もどうぞ宜しくお願い申しあげます。」　ラジオ体操係　H・T生

5章

「体操会だより」の記録

特集　もむだけで多くの病気が簡単に治る決定版《足の裏》の治療地図

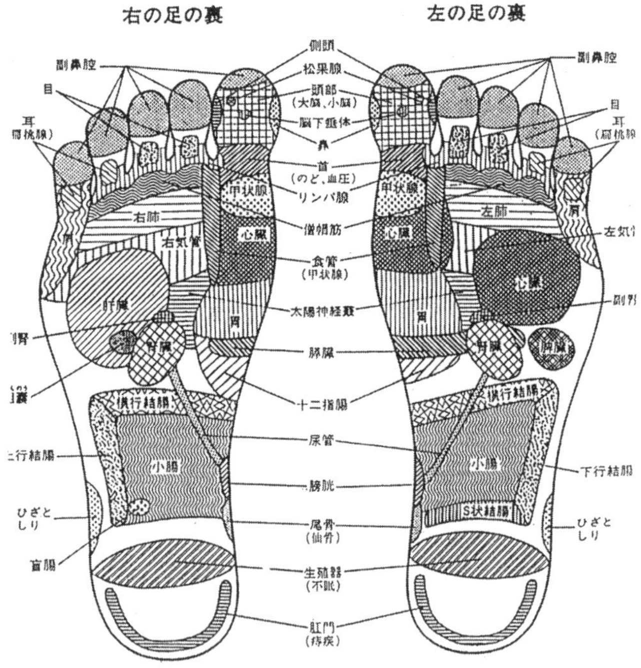

図　病気を治す足の裏の反射帯

～平成3年度事業報告～

3. 4. 7　当区ラジオ体操連盟総会開催。

4～7月　第5回幹部指導者研修会開催 50名参加。

5. 4　当区連盟主催による春のハイキングを開催。深大寺・神代植物園へ参加者52名。

5. 5　子供の日を記念し、給田小学校5年生鈴木都子様（わかたけ親子健康会）及び池の上ラジオ体操会の高橋昌紀君に記念品を贈呈しました。

「体操会だより」の記録

1．世田谷区ラジオ体操連盟

昭和48年頃、東京都ラジオ体操連盟から、世田谷区にラジオ体操連盟がないから作るよう指導を受け、昭和49年4月10日、世田谷区に登録しているメンバーに連絡を取り、暁天歩行会、若林ラジオ体操会、世田谷ジョギングクラブ、尾山台柔道同好会、千歳体操クラブの5団体の加盟をもって組織し、正式に発足した。

現在メンバーに登録している体操会は、暁天歩行会、世田谷ジョギングクラブ、池之上ラジオ体操会、駒沢オリンピック公園自由広場ラジオ体操会、代沢ラジオ体操会、野沢公園ラジオ体操会、羽根木神社ラジオ体操会、新緑ラジオ体操会、以上9団体である。

世田谷区では，その当時から「体操会だより」創刊号を作成し、既に85号を作成した。

これまでの「体操会だより」の記録から、世田谷区ラジオ体操連盟の歩みを解説したいと思う。

2. 体操会の歩み

昭和 48 年

5月4日　秩父･長瀞へ。途中簡易保険センターで入浴。長瀞の奇岩・景勝を楽しむ。

11 月 3 日　七国峠へハイキング。穏やかな山道。山頂でフォークダンスを楽しむ。

昭和 49 年

5月4日　日向薬師へハイキング。たまたま、俳優　平幹二郎のロケーションに出会う。

8月 13 日　羽根木公園に於いて、全国中継ラジオ体操大会を開催。２千名を上回る盛況であった。ネットにかけられた横断幕「夏期巡回全国中継ラジオ体操大会」の文字は、四分一千代子が自筆で書かれたもの。紅白の横断幕とともに、本大会の雰囲気を盛り上げるため大きな役割を果たす。

昭和 50 年

5月 11 日　箱根湯坂道へハイキング。参加者 56 名。

8月 23 日　第 14 回一千万人ラジオ体操祭仙台中央大会に参加。区連盟より 13 名。

　体操祭に参加して　仙台に開く体操の祭典　八大のバス参百の勇士　都を後に驀進す気壮感　健康への精神　錦上の花　中込芳平作雑詠五題の一首。

10月 1 日　一千万人ラジオ体操祭東京大会　中野区立第二中学校で開催。佐々木連盟会長が表彰された。

11 月 3 日(文化の日)　武蔵丘陵森林公園へハイキング。参加者 97 名。

昭和 51 年

5月 9 日　天城峠を越え八丁池へハイキング。バス 2 台に分乗。帰りに浄蓮の滝を見学し無事帰還。

8月 8 日　第 15 回一千万人ラジオ体操祭名古屋中央大会に参加。区連盟より 14 名参加。五十鈴川にて身を清め、伊勢神宮の内宮に参拝。二見ヶ浦を見学して帰還。

10月 1 日　一千万人ラジオ体操祭東京大会が靖国神社

境内に於いて開催され、府県等表彰・優良団体　池之上ラジオ体操会、個人功労者は西山博昭が表彰された。
10月31日　西沢渓谷へハイキング。参加者105名。七ッ釜五段の滝を見学。

昭和52年

3月10日　ラジオ体操ハワイ親善の旅に参加。全国ラジオ体操連盟より小林団長以下254名参加。区連盟より22名参加。4泊6日の旅。パールハーバー（真珠湾）を見学。
8月7日　第16回一千万人ラジオ体操祭長野中央大会に参加。都連盟より383名参加。区連盟23名参加。

昭和53年

5月7日　マザー牧場へハイキング。参加者92名。
7月23日　ラジオ体操放送開始50年。一千万人ラジオ体操祭中央大会は、神宮外苑絵画館前広場に於いて開催。常陸宮様がお見えになり、各大臣が御参列になられた。
10月1日　第17回一千万人ラジオ体操祭東京大会を

羽根木公園に於いて、ラジオ体操50周年を記念して世田谷区で開催した。参加者3,000名。

昭和54年

3月4日～12日　9日間に亘り、国際交流ラジオ体操会を開催。米国西海岸親善の旅に参加。全国ラジオ体操連盟主催のもと、小林団長以下320名。当区連盟より38名が参加。日米親善の大役を滞りなく果たし、3月12日全員無事帰国した。

5月6日　春のハイキング、城ケ崎海岸ピクニカルコースへ。参加者98名。

7月29日　第18回一千万人ラジオ体操祭札幌中央大会。札幌市南区オリンピック施設真駒内屋外競技場に於いて開催。都連盟より352名。当区連盟より46名参加。森と湖の北海道旅行、摩周湖・阿寒湖を見学。4泊5日の旅。

昭和55年

4月27日　春のハイキング、筑波山へ。参加者94名。

7月27日　第19回一千万人ラジオ体操祭金沢中央大

会、雨天ではあったが、全国より5,000名参加、都連盟より600名、当区連盟より48名。木曽川をゆっくり、日本ライン下りに乗り、3泊4日の楽しい旅であった。

9月21日　区連盟主催の鐘が嶽ハイキング開催。74名参加。

10月1日　一千万人ラジオ体操祭東京大会が墨田区立寺島中学校に於いて開催され、世田谷区ラジオ体操連盟が輝く府県等表彰を受賞した。

11月27日～12月2日　全国ラジオ体操連盟主催第3弾　国際交流ハワイ親善の旅に参加。日本代表団76名参加。29日ハワイ島からマウイ島へ。世界最大のハレアカラ（3,056メートル）とイアオ渓谷を見学。また30日はパールハーバー（真珠湾）を見学した。

12月16日　ジョージ・アリヨンハワイ州知事より礼状を頂く。「貴殿と貴連盟に喜んで頂けると思いますが、ハワイのＫＺＯＯとＫＨＯＵ放送局が毎朝ラジオ体操を放送することになりました。」

昭和56年

5月10日　鋸山・日本寺ハイキングを開催し、体操マン 100 名参加。地獄谷を見学。

6 月 25 日午後 7 時 24 分　佐々木重衛門世田谷区ラジオ体操連盟会長ご逝去。享年 87 歳。

7 月 26 日　第 20 回一千万人ラジオ体操祭大阪中央大会に参加。全国より 14,000 名、都連盟より 700 名、区連盟より 71 名参加。長居陸上競技場へ。翌日、紀三井寺を見学し帰還。

11 月 1 日　東武動物公園へハイキング。参加者 57 名。

昭和 57 年

2 月 21 日　第 7 回歩こう会開催。ＮＨＫスタジオ見学。参加者 51 名。

3 月 6 日　西山博昭が世田谷区ラジオ体操連盟会長に就任。池田事務局長の司会・進行。伊藤理事長より、「息の長い若手会長を起用し、当区連盟が末長く発展するよう皆様と共に激励しましょう。」と御挨拶があった。

4 月 25 日　春のハイキング、箱根樹木園へ。参加者 50 名。

5 月 12 日～ 18 日　日中国交回復 10 周年・全国ラジオ体操連盟 20 周年の行事として友好親善の旅を開催。西山博昭が日中友好親善使節団長として中国へ派遣。

参加者96名。区連盟より19名参加。中国体育服務公司（日本で言うと、文部省体育局と日本体育協会を合わせたような組織）では、附属体育館に於いて、使節団がラジオ体操を披露した。中国側も昨年11月から放送を開始したというラジオ体操を披露し、併せて太極拳の実技指導をやってくれた。

6月19日～20日　天竜舟下りと昼神温泉への一泊旅行を開催。参加者80名。

8月22日　第21回一千万人ラジオ体操祭広島中央大会に参加。全国より23,000人、都連盟500名、区連盟65名参加。平和記念公園・原爆資料館を見学。それから、錦帯橋･秋芳洞を見学し、東名高速道路をまっしぐらに、全行程をバスで帰還した。

10月31日　昇仙峡へのハイキングを開催。参加者51名。

昭和58年

2月14日　手島仙造常任相談役・池之上ラジオ体操会会長、脳溢血のためご逝去。享年81歳。

5月3日　赤城山へのハイキング。参加者90名。赤城山大沼湖畔に到着したのが12時30分。標高1,350

メートルのこの湖畔もやや肌寒く感じた。

8月21日　第22回一千万人ラジオ体操祭松山中央大会に参加。全国より20,000名参加、都連盟600名、区連盟より43名。13時38分三原駅で下車。貸切のフェリーに乗船。今治港到着午後4時20分。待機していた観光バスで道後温泉へ。竜頭岬の先端には坂本竜馬の銅像が懐に手をして目を細めながら大海原を見詰める。南国土佐を後にして、淡路フェリーに乗り、須磨港経由して、名神・東名高速を一路東京へ。世田谷に到着したのが20時であった。

9月30日　日伯親交流ラジオ体操使節団一行9名。羽根木公園へ。柳川英麿ＮＨＫラジオ体操指導者、宮内都連盟相談役、和田夫人部長も見え、盛大に行われた。

11月3日（文化の日）　秋のハイキング。鎌倉文化を見学。参加者51名。

昭和59年

5月19日　世田谷区ラジオ体操連盟創立10周年記念パーティを開催。

10年前、「あかつき」の発刊。その内容は、健康で長生きし、毎日を明るく、幸せに送りたい気持ちから書かれたもので、経験談、感想、詩、和歌が主なものであった。

暁天歩行会の表彰、世田谷区ラジオ体操連盟の設立、全国中継ラジオ体操大会、国際交流等、連盟各団体の団結と多彩な活動がもたらした結果である。

「生きよ、生きよ、何処までも生きよ。

死んでも生きよ、永遠から永遠に向かって、

輝いて一道の光の内に生きよ」（武者小路実篤）

8月19日　第23回一千万人ラジオ体操祭熊本中央大会に参加。全国より30,000名、都連盟370人、区連盟29名が参加。帰路、長崎平和公園へ。

10月20日～21日　秋のハイキング・飯坂温泉の一泊旅行。参加者36名。飯坂温泉ホテル吾妻の大沼昭男取締役社長より感謝状第500号を頂く。

「皆様方は飲んで来るぞと勇ましく、離れて遠いみちのくの飯坂温泉ホテル吾妻に出陣し、飲み食い又遊びまわり各々その本分を充実発揮して当ホテルの売り上げ向上に貢献されました。ここに従業員一同深く感謝し併せて皆々様の御繁栄とこの次にお会いする迄上半身（うえ）下半身（した）真中（まんなか）共に御丈夫たらん事をお願い申し上げます。」

ホテルの朝食時、思いがけなくホテル側より当連盟

へ感謝状が寄せられ、アイディアに溢れた内容に全員爆笑。

昭和60年

5月3日　奥多摩へのバスハイク。兜家へ。参加者60名。家の造りも独特で、武田氏の流れを汲む典型的な民家「カブト棟」が今も現存している。

8月4日　第24回一千万人ラジオ体操祭土浦中央大会に参加。全国より30,000名、都連盟1,200名、区連盟65名。帰りは塩原温泉を経由して帰還。

12月24日　ＮＨＫ「早起き鳥」担当の坪郷佳英子アナウンサー、代沢小学校に来て、西山さち子が自転車に乗れないので、「転ばずに乗れる方法はないでしょうか」と放送されるや否や、北海道から四国に至るまで、全国の方々からご親切に貴重なアドバイスが沢山寄せられ、僅かな期間で自転車乗りに成功。自転車に乗れるようになった西山と、代沢小での朝の体操の様子を取材に来られた。

昭和 61 年

6月 15 日　平山城祉公園にハイキング。参加者 65 名。

8月 3 日　天皇御在位 60 年記念一千万人ラジオ体操祭中央大会は神宮外苑絵画館前広場に於いて開催。常陸宮殿下、同妃殿下ご臨席のもと、北は北海道から南は九州に至るまで 50,000 人が参加。長野先生のご指導で「テレビ体操」、青山先生のご指導で「ラジオ体操」を行った。

10月 1 日　一千万人ラジオ体操祭東京大会は墨田区で行なわれ、優良団体として、代五クラブラジオ体操会が府県等表彰を受賞。

10月 11 日～ 13 日　ＮＨＫ特別巡回放送、宮城県女川町での夏季順回放送に参加。都連盟より 177 名、区連盟 24 名参加。瑞巌寺・五大堂を拝観。

昭和 62 年

5月 24 日　第 40 回都民体育祭駒沢オリンピック公園に於いて、西山博昭、体育功労章受賞。

5月 31 日　高尾山へのハイキング。参加者 69 名。薬王院へ登る石段・奥の院までの石段、なんのその。全員元気に歩いた。

8月8日　第26回一千万人ラジオ体操祭名古屋中央大会に参加。区連盟参加者42名。名古屋観光ホテルに於いて、東京を代表し、西山博昭が唐沢郵政大臣、川原日本放送協会会長、竹田全国ラジオ体操連盟会長より全国表彰受賞した。

8月23日　一千万人ラジオ体操祭東京大会が足立区立総合スポーツセンターに於いて開催され、多比羅武一が府県等表彰受賞。

昭和63年

4月16日　東京都ラジオ体操会連盟の定期総会が開催され、会長に大泉幸四郎、副会長に西角清忠、佐下橋盛喜・但馬実、理事長に茂木昌吉、副理事長に大原正雄、大西市次郎、西山博昭が選任された。

7月5日～12日　ラジオ体操60年記念、国際親善オーストラリアへの旅に参加。全国より200余名、世田谷から27名参加。

八木団長より、「外交の一翼を担う旅行であるから、物心両面のバランスのコントロールをして、楽しく、意義ある旅に」との御挨拶。ブリスベーンから万博会場へ。

日本館は丁度、Japan Week とあって、館内での餅つきや阿波踊りのパレードなど日本色豊かな雰囲気に包まれていた。

昭和 64 年・平成元年

1 月 1 日　第 14 回世田谷区民元旦歩こう会に参加。ミス世田谷、下重彰子を迎えての歩こう会。総勢約 1,000 名参加。

5 月 13 日　区連盟満 15 周年祝賀パーティー開催。銀座アスターに於いて、越智通雄衆議院議員、宮田玲人区議会議員、世田谷区清澄体育課長、東京郵政局より中山真人係長、都連盟より大泉会長、西角副会長、茂木理事長、大西副理事長、太田指導部長、嶋崎渉外部長、上貞婦人部長、多磨支部より宮内名誉支部長、世田谷郵便局より落合第一保険課長、中山第二保険課長等 14 名の来賓ご臨席のもと、区連盟体操マン 71 名参加され盛大に挙行された。

4 月 20 日　当区連盟会長西山博昭、東京郵政局長より歌舞伎座にて、感謝状を受賞。

7 月 20 日　区連盟創立 15 周年記念、夏季巡回放送。

日本女子体育大学第二グランドにて開催。参加者2,000名。オリンピックゴールドメダリスト、遠藤幸雄もお見えになり、第12代ミス世田谷、下重彰子とお二人紹介された。

8月5日～7日　第28回一千万人ラジオ体操祭仙台中央大会、宮城陸上競技場に参加。雨天にも拘わらず総勢10,000人、都連盟より700名、区連盟46名参加。

8月20日　葛飾区総合スポーツセンター野球場に於いて、一千万人ラジオ体操祭東京大会が行われ、区連盟のラジオ体操城山会が府県等表彰受賞。

10月22日　世田谷郵便局主催の「愛とふれあいバザー」に参加。

10月28日～29日　秋のハイキング、新潟県の月岡温泉への旅。参加者42名。

11月3日　秋の叙勲受賞者として、大泉幸四郎、勲五等瑞宝章受賞。

平成2年

2月25日　午前6時半から、台東区入谷・朝顔会（阿部千代吉会長）と世田谷・羽根木公園とのラジオ体操の交流会を図った。

第55号に早川亨医学博士（世田谷ジョギングクラブ愛好会）が、軽運動の動脈硬化に及ぼす効果と題して、死亡率が低いことが分かってきた。ラジオ体操、「われわれの健康保持にはこのくらいの運動量が必要であることを知っていただきたい。」

4月14日　都連盟の定期総会が開催され、茂木昌吉様のご逝去により、理事長に大西市次郎就任。

4月29日　春の叙勲受賞者として、佐下橋盛喜が勲六等旭日賞に輝いた。

5月4日　武蔵野陵へ春のハイキング。参加者74名。明大前から京王線に乗って、高尾駅で下車。全員で歩く。昭和天皇の武蔵野陵を参拝し、貞明皇后の多磨陵・大正天皇の多磨陵にも参拝。再び高尾山口より明大前へ。全員無事、帰還。

8月5日　第29回一千万人ラジオ体操祭札幌中央大会、真駒内競技場に於いて開催。都連盟より550名参加。区連盟41名。第一分団長大原正雄、第二分団長西山博昭が担当。洞爺湖、昭和新山、小樽運河等を見学し３泊４日の楽しい旅であった。

9月19日～21日　平成２年度ラジオ体操幹部指導者研修会に、世田谷区より西山博昭、西山さち子、新沼貞一、新沼道子、平井眞三の５名が参加。千葉県厚生年金休暇センターにて開催。

平成3年

5月4日　深大寺・神代植物園へ春のハイキング。参加者52名。咲き誇るつつじ、大輪の色鮮やかなぼたんを鑑賞。

8月4日　第30回一千万人ラジオ体操祭金沢中央大会が2泊3日の行程で開催。都連盟より642名。区連盟から38名参加。兼六園を見学し、能登半島を一周して帰還。

8月18日　一千万人ラジオ体操祭東京大会が新宿区都庁舎前とあって、大勢参加。区連盟の本田初恵が府県等表彰受賞。

9月22日　西山、脳梗塞のため虎の門病院へ緊急入院。10月5日退院。

11月9日　秋のハイキング開催。伊豆七滝温泉へ。参加者42名。

平成4年

1月29日　東京都ラジオ体操会連盟創立40周年記念

祝賀会開催。ロッテ会館にて。300名を上回る参加者を得て、盛大に挙行された。

2月16日　梅・つつじ・朝顔、梅の花を観賞しながら交流会を開催。約50名参加。

4月16日　伊藤定助世田谷区ラジオ体操連盟副会長、心不全のため死去。享年82歳。63年地方表彰受賞された。

5月4日　葛西臨海公園へ春のハイキング。参加者73名。

8月2日　第31回一千万人ラジオ体操祭大阪大会開催。大阪長居陸上競技場にて。都連盟370名。世田谷区より28名。

8月23日　平成4年度一千万人ラジオ体操祭東京大会は台東区リバーサイド陸上競技場で開催。野沢公園ラジオ体操会が、団体として府県等表彰受賞。

9月19日～20日　第2回ラジオ体操幹部指導者交流会開催。千葉厚生年金休暇センターにて。東京郵政局の北村雅恵様、青山敏彦ＮＨＫラジオ体操指導者も参加された。参加者29名。各ラジオ体操会の報告事項を行い、次いで、西山博昭の指導で、俳句・川柳ゲームを行った。次回の世話人を選出し、大田区の宮島紀典、新宿区の神崎美智子に決定以来、平成5年以降も継続して、交流会を実施している。

平成5年

6月20日～28日　区連盟創立20周年の行事の一環として、カナダツアーに参加。参加者13名。ナイアガラ瀑布、カナディアンロッキー。なかでも最大のリゾート・タウンであり、世界の軽井沢リゾート地である言い、カナダ最古の国立公園であるとも言われている。

8月22日　第32回一千万人ラジオ体操祭広島中央大会に参加。総勢20,000人、都連盟より400名。区連盟22名。原爆ドームを見学。

8月29日　一千万人ラジオ体操祭東京大会に参加。墨田区錦糸公園に於いて、内田昇に地方表彰、西山さち子に府県等表彰受賞。

11月21日　秋のバスハイク、土肥温泉へ一泊旅行。参加者42名。

平成6年

5月14日　世田谷区ラジオ体操連盟創立20周年、北沢タウンホールにて開催。大場区長はじめ、越智通雄衆議院議員、宮田区議会議員、柳川英麿全国ラジオ体操連盟理事長、青山敏彦ＮＨＫテレビ・ラジオ体操指導者、東京郵政局の北村雅恵様、津吹金一郎世田谷教育委員会教育長、小川健治世田谷郵便局長、佐下橋盛喜東京ラジオ体操会連盟会長ほか、多くのご来賓の方々のご臨席賜り、盛大に記念式典ができた。

8月21日　第33回一千万人ラジオ体操祭松山中央大会開催。都連盟330名。区連盟23名。新幹線で岡山駅を経由して、バスで瀬戸大橋を渡り、道後温泉へ。

全国より18,000人が参加し素晴らしかった。三大鐘乳洞の一つ、龍河洞を見学。

8月28日　一千万人ラジオ体操祭東京大会は荒川区営南千住野球場にて開催。個人功労者として、府県等表彰者に橘チカ子受賞。

8月31日　連盟創立20周年記念夏期巡回ラジオ体操会、駒沢オリンピック公園陸上競技場にて開催。輪島先生の指導で、3,000名以上の方がお集まりですと挨拶。爽やかな体操会だった。

10月22日～23日　秋のハイキング開催。信州の鎌倉、別所温泉への旅。参加者42名。

平成７年

2月19日　世田谷区、台東区、文京区３区の花の交流会開催。羽根木公園の寒梅にご招待。参加者80名。

3月11日　東京郵政局の主催で、「幹部指導者のつどい」が開催され、177名参加。幹部指導者４名の方に発表して頂く。文京区の田村文平、東久留米市の對馬みつ子、墨田区の福島秀男、世田谷区の西山さち子が発表した。西山は、「正しいラジオ体操とはどうあるべきか」、「地域に広げよう体操の輪」、「ラジオ体操のＰＲをどのようにしたらよいか」の３点を中心に話した。

5月4日　春のハイキング。ＮＨＫスタジオパーク・代々木公園。参加者93名。渋谷の忠犬ハチ公へ集会。後は徒歩。フォークダンス、ボール送りをして楽しんだ。

8月6日　第34回一千万人ラジオ体操祭熊本中央大会。熊本市水前寺陸上競技場にて開催。全国より15,000人。都連盟435名。区連盟31名。

8月27日　一千万人ラジオ体操祭東京大会が豊島区立総合体育場で開催。橘寅一副会長が地方表彰、新沼貞一理事長が府県等表彰受賞。

10月21日～22日　秋のハイキング、福島県穴原温泉へ。参加者45名。

平成８年

4月12日　世田谷ジョギングクラブの高橋紘子様、憧れのボストンマラソンへ参加。総勢38,000人と共に、42.195kmを完走。４時間でゴール。完走メダルを首にかけ、「おめでとう」と声をかけられた。4月19日無事帰国。

4月23日　都連盟の定期総会が行われ、大泉幸四郎は名誉会長、藤川藤次郎は会長に、副会長に鈴木光・安田重春に、理事長西山博昭に、副理事長に福島秀男、染谷英郎、戸村虎夫、武車幸雄が選任された。

5月4日　春のハイキング、府中市郷土の森へ。参加者92名。京王線分倍河原駅で下車。全員徒歩で参加。敷地面積137,000平方メートル（36,553坪）の公園内には、野外ステージ、県木園、疎林広場、水あそび池、万葉の歌碑、芝生広場等オゾン一杯。素晴らしい公園であった。

8月18日　一千万人ラジオ体操祭東京大会。文京区教育の森に於いて開催。勝瀬直久が府県等表彰受賞。

8月25日　第35回一千万人ラジオ体操祭千葉中央大会。千葉ロッテの本拠地「マリンスタジアム」で開催。全国より20,000人、都連盟504人、区連盟32名参加。

酒造歴史館、鶴ケ城、白虎隊の学舎「会津藩校日新館」を見学。

9月5日　池田幸三郎元区連盟常任相談役、腎不全のため死去。享年81歳。

10月26日〜27日　秋のハイキング開催。塩原・川治温泉へ。参加者37名。竜王峡は階段を下りて、滝の所まで強行軍。行きはヨイヨイ・帰りはドッコラショ。しかし、皆元気にせっせと歩く。

平成9年

2月7日　宮田玲人区連盟参与、肝不全のため死去。享年72歳。

2月16日　世田谷区、台東区、文京区3区の花の交流会開催。参加者80名。

5月4日　春のハイキング、わたらせ渓谷・富弘美術館へ、参加者50名。

8月3日　第36回一千万人ラジオ体操祭那覇中央大会。那覇市奥武山総合運動公園陸上競技場にて開催。全国より18,000人、都連盟430名、区連盟12名参加。鎮魂の塔をみて「ひめゆりの塔」を見学。「第36回沖縄復帰25周年記念　美しい海　青い空　サンサン沖縄　1000万人ラジオ体操中央大会」と書かれた横断幕がしっかりと掲げられている。沖縄最後の観光、玉泉洞を見学して、4日午後3時、羽田空港へ無事到着。

8月31日　一千万人ラジオ体操祭東京大会、台東区リバーサイドスポーツセンターで開催され、新沼道子が府県等表彰受賞。

10月15日　赤坂御苑にて、西山博昭夫妻、秋の園遊会に招待される。

平成10年

8月23日　第37回一千万人ラジオ体操祭中央大会、国立霞ケ丘競技場にて開催。全国より10,000人集合。ラジオ体操70年に当たり、野田聖子新郵政大臣参加。

70周年一千万人ラジオ体操祭東京大会、墨田区ラジオ体操45周年記念大会に於いて、飯尾元子が府県等表彰受賞。

10月18日　秋のハイキング。お猿の温泉、信州・渋温泉へ。参加者27名。石畳の続く温泉街を、湯下駄を履いてカラン・コロン。懐かしい日本の心が蘇る。

平成11年

8月1日　第38回一千万人ラジオ体操祭名古屋中央大会が名古屋ポートメッセで開催され、都連盟453名、区連盟25名参加。野田郵政大臣の挨拶に始まり、海老沢ＮＨＫ会長、岡野全国ラジオ体操連盟会長の挨拶、長野先生の元気のよいかけ声。西山博昭は柳川先生と記念撮影。恵那峡、妻籠宿を見学。翌日は天竜舟下りを楽しんだ。

8月15日　駒沢オリンピック公園で一千万人ラジオ体操祭東京大会を開催。西山さち子が地方表彰、伊達宥子が府県等表彰受賞。

8月21日　一千万人ラジオ体操祭東京大会のＮＨＫのアシスタントの指揮台3台を制作して頂いたお礼に、高橋邦夫に西山より感謝状を授与。

10月9日　ＮＨＫホールに於いて、小渕総理大臣をお招きして、「みんなの体操」発表会の式典を開催。

10月12日～13日　信州・北アルプス山麓ハイキング。区連盟25周年を記念して、白馬、栂池自然園へ。参加者34名。

平成12年

8月6日　第39回一千万人ラジオ体操・みんなの体操祭仙台中央大会は、宮城陸上競技場にて開催。都連盟550名、区連盟40名。みんなの体操・ラジオ体操第一・第二を実施。多胡先生の指導で開催された。

8月27日　豊島区総合体育場で開催された一千万人ラジオ体操・みんなの体操祭東京大会が開催され、勝瀬直久に地方表彰、峠武雄に府県等表彰受賞。

10月10日～11日　富士国際花園（世界のベコニア）と富士山麓・鐘山苑ホテル・昇仙峡の旅、参加者31名。

平成13年

7月29日　一千万人ラジオ体操・みんなの体操祭東京大会が都立九段高校で開催され、体操終了後、内田キヨ子が府県等表彰受賞。

8月5日　第40回一千万人ラジオ体操・みんなの体操祭中央大会が長野県・長野運動公園総合運動場で開催された。都連盟より581名、区連盟29名。

10月11日～12日　爽秋の上州路周遊と越後湯沢温泉の旅。参加者30名。双葉のホテルに到着。翌朝、テープにより、みんなの体操、ラジオ体操を行う。

11月3日（文化の日）　西山博昭、秋の叙勲の栄誉に輝き、勲五等瑞宝章受賞。虎ノ門パストラルでの伝達式。皇居に参って、豊明殿に於いて拝謁。当日、「高齢者の健康願い、毎朝会場へ」との見出しで、東京新聞に写真入りで掲載された。

平成14年

5月4日　相模原ピクニックランドへ。参加者30名。

7月28日　第41回一千万人ラジオ体操祭・みんなの体操祭中央大会が札幌市真駒内競技場で開催された。会場には21,000名、都連盟440名、区連盟24名が参加。層雲峡温泉を経由、美幌峠を超え摩周湖・阿寒湖を見学して釧路空港へ。羽田空港20時55分。

8月18日　台東区リバーサイド陸上競技場で開催された一千万人ラジオ体操・みんなの体操祭東京大会に於いて菅野松治が府県等表彰に輝く。

10月6日　橘寅一駒沢オリンピック公園自由広場ラジオ体操会会長が世田谷区70周年記念功労者表彰受賞。

平成15年

8月3日　第42回一千万人ラジオ体操祭・みんなの体操祭中央大会が石川県金沢市西部緑地公園陸上競技場にて開催。都連盟560名、区連盟22名。大会当日20,000人と発表。生田正治郵政公社総裁、海老沢勝二ＮＨＫ会長、岡野俊一郎全国ラジオ体操連盟会長、片山虎之助総務大臣、石川県知事の御挨拶。西川先生の指導で開会。兼六園・黒部峡谷トロッコ電車に乗り始めての経験。

8月17日　墨田区体育館での夏期巡回ラジオ体操・みんなの体操祭東京大会に於いて、小林昭二郎に府県等表彰受賞。

10月29日〜30日　塩原温泉へ。参加者22名。日光猿軍団・お猿の村猿劇場見学。塩原温泉へ。東北道蓮田のサービスエリアで台東区の大竹静江とバッタリ出会う。台東区の婦人部の旅行で四万温泉の帰りだとか。

平成16年

4月12日〜13日　春のハイキング。長野県高遠城祉公園へ夜桜見物。参加者27名。

8月1日　第43回一千万人ラジオ体操・みんなの体操祭中央大会は大阪市長居陸上競技場に於いて開催され、全国より18,000人、都連盟500名、区連盟20名参加。

ホテルニューオータニで当区連盟、橘寅一駒沢オリンピック公園自由広場ラジオ体操会会長が全国表彰を受賞された。

大阪城は1,588年（天正11年）、豊臣秀吉によって築城されたという。日本三景の一つと呼ばれている「天橋立」を見学して帰還。

8月22日　一千万人ラジオ体操祭東京大会が新宿区都庁前広場で開催され、山田和江が府県等表彰受賞された。

11月10日〜11日　秋のハイキング、爽秋の伊豆箱根の旅。参加者20名。十国峠・箱根神社を経由して帰還。

平成17年

8月7日　第44回一千万人ラジオ体操・みんなの体操祭中央大会は愛媛県松山市総合公園陸上競技場に於いて開催され、全国より10,000余名、都連盟446名、区連盟18名参加。新幹線岡山駅下車、観光バスで瀬戸大橋・しまなみ海道を走る。ガイドさんが、良い旅は「天気・元気・現金だ」と言う言葉に車中どっと湧く。松山放送のアナウンサーによってセレモニーが始まり、生田正治日本郵政公社総裁、橋本ＮＨＫ日本放送協会会長、岡野俊一郎全国ラジオ体操連盟会長の御挨拶。長野信一先生の指導によりラジオ体操・みんなの体操を開始。高松港からフェリーに乗り、瀬戸内海フェリークルーズの内海の旅へ。「ようこそ小豆島へ」の歓迎の旗に迎えられ、「二十四の瞳」映画村を見学。帰路、北淡町震災記念館を経由して帰還。

８月28日　足立区東綾瀬中学校で一千万人ラジオ体操・みんなの体操祭東京大会が開催され、東京マリアージュで安藤博が府県等表彰受賞。

10月９日　国立オリンピック記念青少年総合センターに於いて、国際交流基金「市民青少年交流助成」を受け、デンマークから体操のトップチームであるVesterlund Ungomsskole（ヴェステロン　オングダムススコーレ）の卒業選抜チームを招き、デンマークの新しい体操体験講習会演発表会の交流フォーラムが開催された。当日、西山博昭、都連盟より上貞常任相談役、御小柴行子・清水和廣指導部副部長も熱心に参加され、演技の素晴らしさに感心した。

11 月 27 日　日本郵政公社の民営化が決定して、東京蔵前日本郵政公社体育館で、今年度から、指導者の位置づけも、一級指導士・二級指導士・ラジオ体操指導員の三段階に分かれた。

　認定試験は、筆記試験・実力テストが開催され、受験者総数 140 名。同年 12 月 15 日、合格者発表。一級ラジオ体操士、西山博昭、二級ラジオ体操士、山上睦子。

11 月 29 日～ 30 日　秋のハイキング、あだたら高原・岳温泉・鏡が池碧山亭へ。参加者 20 名。岳温泉は詩人高村孝太郎の詩集「智恵子抄」でも有名。「智恵子は遠くを見ながら言ふ。阿多多羅山の山の上に　毎日出てゐる青い空が　智恵子のほんとの空だといふ」翌日、塩谷岬･美空ひばりのみだれ髪歌碑を見学した。

平成 18 年

3 月 11 日　池田幹太、世田谷区スポーツ振興財団より「生涯スポーツ推進賞」受賞。

5 月 3 日　春のハイキング。足利フラワーパークへ。参加者 38 名。88,000 平方メートルの園内に 350 畳敷の大藤棚が 4 本、世界でも珍しい八重の大藤棚、長さ

80メートルの白藤トンネル、長さ80メートルのきばな藤トンネル、見応えある藤が290本。樹齢80年を超える1,500本のクルメツツジや春の花数百種が咲き乱れる素晴らしいパークであった。

8月20日　第45回一千万人ラジオ体操・みんなの体操祭中央大会、広島県総合グラウンドメインスタジアムで開催。全国18,000名、都連盟439名、区連盟14名。世界文化遺産厳島神社を参拝し、広島平和記念資料館、原爆の悲惨さを伝え続ける展示物の数々。丹下健三の建築による資料館である。錦帯橋、その美しさから「山は富士、滝は那智、橋は錦帯」と称えられた錦帯橋は、日本三名橋の一つに数えられる優美な橋。帰りは青海島を見学。やがて東光寺に到着。吉田松陰歴史館・松下村塾を見学し秋吉台を散策。福岡空港から東京へ。19時50分到着。

8月27日　一千万人ラジオ体操・みんなの体操祭東京大会が文京区教育の森公園自由広場に於いて開催。区連盟の星野一子が府県等表彰受賞。

9月29日　第16回幹部指導者交流会、品川区高輪プリンスホテルの中国料理「高輪」で開催。参加者15名。

11月18日　世田谷区ラジオ体操連盟は明治神宮参集殿に於いて、社団法人日本善行会川村会長より秋季善行表彰受賞。

11 月 23 日～ 24 日　秋のハイキング。栃木路周遊「川治温泉」の旅。参加者 17 名。

平成 19 年

4 月 23 日　区連盟の総会に於いて、永年に亘りラジオ体操連盟の会長を続けられた西山博昭は名誉会長に、新会長に、山上睦子が就任された。

5 月 5 日　駒沢公園の高橋邦夫、肝臓がんでご逝去。享年 72 歳。

　高橋君を偲ぶ。体操は一期の縁　睦み来し　君をし思えば　別れ難しも　柏原及也　合掌

6 月 26 日～ 27 日　越後の秘湯、松之山温泉研修旅行。体操マン 6 名参加。

8 月 19 日　第 46 回一千万人ラジオ体操・みんなの体操祭中央大会、熊本県パークドームにて。都連盟 407 名、区連盟 4 名。水前寺公園を経由して熊本城へ。大宰府天満宮を見学。福岡空港から羽田へ。20 時 5 分到着。

8 月 26 日　一千万人ラジオ体操・みんなの体操祭東京大会、杉並区上井草スポーツセンター野球場に於いて、

杉並区政75周年記念、ＮＨＫ夏期巡回全国ラジオ体操・みんなの体操祭東京大会が行われ、山上睦子が府県等表彰受賞。

9月4日　「皇居」散策と茶寮「一松」の旅。のんびりと秋の一日を楽しんだ。

9月26日　第17回幹部指導者交流会、浅草ビューホテルにて開催。参加者16名。「皆様とは、講習会、巡回放送大会等など何回となく、お会いしておりますが、寝起きを共にして、共に机を囲み、共に実技を体験し、グループ発表の纏めをした仲間同士が一同に会し、思い出話に花を咲かせるのも一興と思います」と宮島幹事の御挨拶。

10月6日　世田谷区政75周年スポーツ功労者、本田初恵。生涯スポーツ振興として教育の振興と発展に関する功労の分野で表彰受賞された。

10月29日　西山、皇太子殿下の御接見にご招待。明治記念館にて。栄えある御接見を賜る長寿善行者に選定された平成19年度第38回皇太子殿下御接見の御慶事が全国118名の長寿善行参内のもと、東宮御所で厳かに執り行われた。

平成20年

7月27日　第47回一千万人ラジオ体操・みんなの体操祭中央大会、東京ビックサイトにて開催。都連盟500名、区連盟15名参加。

8月24日　一千万人ラジオ体操・みんなの体操祭東京大会は墨田区錦糸公園内で行われ、谷川ヨシが府県等表彰を受賞した。

10月13日（体育の日）　ＮＰＯ法人東京都ラジオ体操連盟、文部科学大臣より、ラジオ体操を通じ、スポーツの普及と振興に努めた実績が認められ、文部科学大臣表彰の栄に浴した。

10月31日　幹部指導者交流会、足立区江戸一万来館にて開催。参加者13名。宮島紀典が平成20年度の全国表彰を受賞したので、お祝いに花束贈呈。

11月1日　港区愛宕山で、ラジオ体操80周年記念行事に参加。ＮＨＫ発祥の地で開催。都連盟総員で300名参加。

11月9日　世田谷246ハーフマラソン開催。参加者1,177名。駒沢オリンピック公園を午前8時30分スタート、駒沢公園通りから国道246号線に沿い、兵庫島、二子玉川緑地運動場、多摩川サイクリングコースを経て、小田急高架付近で折り返す。全長21.0975km。

平成21年

3月7日　新沼道子、生涯スポーツ功労者表彰受賞。

4月30日　午前7時40分から、梅丘中学校生徒40名に、運動会当日のラジオ体操のため、第一体操の指導をし、来年も宜しくと頼まれた。

8月2日　第48回一千万人ラジオ体操・みんなの体操祭中央大会、横浜赤レンガパークにて開催。都連盟470名、区連盟12名参加。

8月22日　平成21年度ラジオ体操府県等表彰は、一色富彌が受賞された。

11月22日　みんなの体操10周年記念みんなの体操フェスティバルが大手町ティパークで開催。世田谷区は三好、一色、山上の3名に、井上秋音、若林陽太郎が参加したが、みんなの体操賞は、千代田区チーム、テクニック賞は葛飾区チーム、チームワーク賞は八王子チーム。あとの13チームは奨励賞だった。

西山が利用している「リハビリデイルームやわら代田の活動状況」について、木村円美の指導を参考に掲載した。けり丸、ひき丸、あけ丸、おし丸の利用方法について解説した。平成21年12月1日より「リハビリデイルームやわら下北沢」がオープンすることになった。

平成22年

5月7日　三好重遠、生涯スポーツ功労者表彰を受賞。

7月25日　足立区ラジオ体操・みんなの体操祭東京大会が足立区綾瀬中学校に於いて開催され、世田谷区ラジオ体操連盟が地方表彰。伊澤信臣広報部長が府県等表彰を受賞。22年度のＮＰＯ法人全国ラジオ体操連盟公認指導者の認定試験に於いて一級ラジオ体操士に合格した。

8月1日　第49回一千万人ラジオ体操・みんなの体操祭中央大会が大分市大分銀行ドームで開催された。世田谷連盟から参加者5名。

9月25日　ラジオ体操幹部指導者交流会20周年記念パーティーを世田谷区三軒茶屋キャロットタワー26階で開催され、参加者17名。キャロットタワーから眺める夜景も美しく、東京タワーや建設中の東京スカイツリーも煌びやかに見えた。

12月31日　第61回ＮＨＫの紅白歌合戦で、歌手　川中美幸の「二輪草」のバックダンサーとして、世田谷区ラジオ体操会のメンバーに参加して下さいとＮＨＫの堀川ディレクターからお電話を頂き、36名が協力した。

平成23年

7月21日　第50回一千万人ラジオ体操・みんなの体操祭中央大会、浜松市浜名湖ガーデンパークにて開催。参加者、区連盟5名。久能山・東照宮に参詣。

9月19日（敬老の日）　第21回幹部指導者交流会開催。参加者10名。吉祥寺第一ホテル「車屋」に於いて。

9月23日　安藤博、心不全のため、ご逝去。享年92歳。

11月23日　第3回みんなの体操フェスティバルが大手町ティパークで行われ、世田谷区では、井上秋音（小4）、小夏（小1）姉妹、植本真次・幸子指導員、雑色真理子指導員が出場し、15チーム中最高の「みんなの体操賞」に輝いた。テクニック賞は葛飾チーム、チームワーク賞は文京チームに贈られた。

著者紹介

西山博昭（にしやま　ひろあき）

昭和5年1月15日　東京都生まれ。
昭和28年　中央大学法学部卒
昭和28年　㈱時事通信社調査室入社
昭和30年　社団法人　中央調査社出向
昭和44年　　同　　企画部副参事
昭和46年　社団法人　新情報センター設立
昭和60年　　同　　事務局長
昭和62年　　同　　常務理事
平成17年　　同　　退社

［団体役員暦］

昭和45年　羽根木公園暁天歩行会入会
昭和49年　世田谷区ラジオ体操連盟設立　事務局長
昭和56年　世田谷区ラジオ体操連盟会長に就任
昭和59年　東京都ラジオ体操会連盟総務部長
昭和63年　東京地方ラジオ体操連盟常任理事
昭和63年　全国ラジオ体操連盟理事
平成6年　全国ラジオ体操連盟常務理事
平成8年　東京都ラジオ体操会連盟理事長
平成12年　東京地方ラジオ体操連盟理事長
平成16年　東京都ラジオ体操会連盟理事長　退任
東京地方ラジオ体操連盟理事長・全国ラジオ体操連盟常務理事　退任
東京都ラジオ体操会連盟常任相談役
平成19年　世田谷区ラジオ体操連盟名誉会長に就任
平成20年　ＮＰＯ法人東京都ラジオ体操連盟常任相談役（現在に至る）

6時30分体操

2012年11月3日発行

著　者　西《にし》山《やま》博《ひろ》昭《あき》

発行者　手塚容子

印刷所　善本社事業部

〒101−0051　東京都千代田区神田神保町2-14-103

発行所　株式会社　善本社

TEL　03−5213−4837

FAX　03−5213−4838

落丁、乱丁本はおとりかえいたします

ISBN978-4-7939-0460-8 C0375